PUN AMOK

The Word Game With Crazy Clues

SHAWN KENNEDY

PUZZLE
WRIGHT
PRESS

New York

PUZZLE
WRIGHT
PRESS
New York

An Imprint of Sterling Publishing
387 Park Avenue South
New York, NY 10016

ISBN 978-1-4027-7868-1

Distributed in Canada by Sterling Publishing
℅ Canadian Manda Group, 165 Dufferin Street
Toronto, Ontario, Canada M6K 3H6
Distributed in the United Kingdom by GMC Distribution Services
Castle Place, 166 High Street, Lewes, East Sussex, England BN7 1XU
Distributed in Australia by Capricorn Link (Australia) Pty. Ltd.
P.O. Box 704, Windsor, NSW 2756, Australia

For information about custom editions, special sales, and premium and
corporate purchases, please contact Sterling Special Sales at 800-805-5489 or
specialsales@sterlingpublishing.com.

Manufactured in the United States of America

2   4   6   8   10   9   7   5   3   1

www.puzzlewright.com

CONTENTS

INTRODUCTION

How to Solve *Pun Amok*

Each puzzle consists of seven clues whose answers have been cut into 19 letter tiles (nine 3-letter tiles and ten 2-letter tiles), which are arranged alphabetically by length. Using logic, knowledge of word patterns, and trial and error, fit the tiles into the heavy outlines to discover the clue answers. Cross out each tile as you use it, as each tile is used exactly once.

After you answer the first six clues in a puzzle, several letter tiles will remain unused. Arrange these leftover tiles to spell the answer to the bonus clue.

Solving Tips

- ### Look for plurals
  When a clue indicates a plural answer, the answer word usually ends with -S. Look for tiles that end with -S; there will usually be only one or two. Watch out for the occasional plural that ends with a letter other than S.

- ### Look for 3-letter and 4-letter words
  A 3-letter word is always completed with one 2-letter tile. Cover the 3-letter tiles and scan the 2-letter tiles for the piece that completes the 3-letter answer word. A 4-letter word is always completed with one 3-letter tile. Cover the 2-letter tiles and scan the 3-letter tiles for the piece that completes the 4-letter answer word.

- ## Look for 5-letter and 7-letter words
  A 5-letter word is always completed with two 2-letter tiles. Cover the 3-letter tiles and scan the 2-letter tiles for the two pieces that complete the 5-letter answer word. Similarly, a 7-letter word is usually completed with two 3-letter pieces. Cover the 2-letter tiles and scan the 3-letter tiles for the two pieces that complete the 7-letter answer word.

- ## Analyze word patterns
  Certain tiles have uncommon letter combinations and can usually be ruled out as beginnings of words. For example, WNS, HGH, XT, and PC do not start any common English words and can generally be ignored when searching for the tile that begins a word (though you should be aware of potential tricky answers such as PC LAB). Similarly, certain tiles may have letter combinations that do not end any common English words, and these can generally be ignored when searching for the tile that ends a word. Watch for multi-word and hyphenated answers (indicated by tags like "2 wds." and "Hyph."), which often contain uncommon letter patterns.

- ## Trial and error
  As you discover answers, you'll narrow down the pool of available letter tiles. After you solve a few words, experiment with the remaining tiles by mentally picturing them in the empty spaces to see if they spell words.

The most important solving tip, though, is to keep a flexible mind. Enjoy!

—Shawn Kennedy

Word on the street

S _ _ _

It's a small world

_ _ O _ _

Roll up

_ _ _ D _ _

Tough cookies

B _ _ _ _ _ _

Stall for Time

_ _ _ _ T _ _ _

Finger paint: 2 wds.

N _ _ _ _ _ _ _ _

LETTER TILES	I S H	B E	N F
A I L	L D S	E R	O T
A N D	L O W	G L	T H
C O R	P O L	I E	T I
I S C	W S S	N E	U N

— **BONUS CLUE** —

They're all ears

_ _ _ _ _ _ _ _ _

They come out of the blue

| | | A | | |

Free of charge

| | | Q | | | |

He works at home

| | | | C | | | |

Stamp collector

| | | | | O | |

It does a body good

| | | | | I | |

Pit crew

| | | | | S | | | |

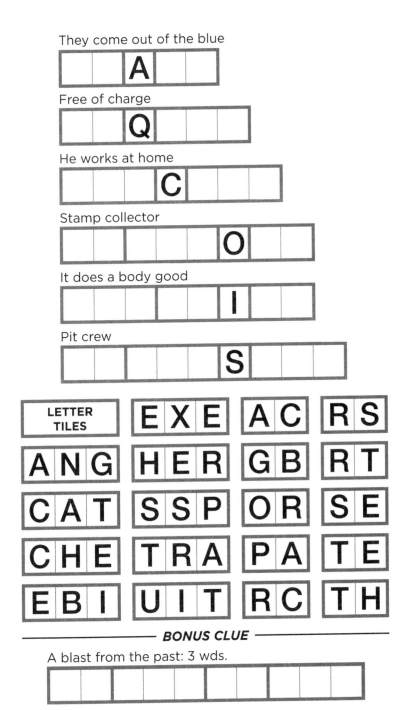

LETTER TILES

EXE	AC	RS
ANG	HER	GB	RT
CAT	SSP	OR	SE
CHE	TRA	PA	TE
EBI	UIT	RC	TH

— *BONUS CLUE* —

A blast from the past: 3 wds.

| | | | | | | | |

You might throw it to the wind

K ▢ ▢ ▢

Motion to dismiss

▢ ▢ R ▢ ▢

They hang around swingers at parties

▢ ▢ ▢ A ▢ ▢ ▢

What's bugging you?

▢ ▢ ▢ ▢ T ▢ ▢

People open up to them

D ▢ ▢ ▢ ▢ ▢ ▢

Night watchman

▢ ▢ ▢ ▢ ▢ A ▢ ▢

— **BONUS CLUE** —

It's remarkable: 2 wds., hyph.

▢ ▢ ▢ ▢ ▢ ▢ ▢ ▢ ▢ ▢ ▢

Growing pains

| | |E| | |

It's open for discussion

| |U| | |

They're full of preservatives

| | |M| | | |

Buck naked

| | | | |U| | |

It might open a cab for you

| | | |C| | | |

There's no accounting for it

| | | | | |L| | | |

— BONUS CLUE —

Super duper: 2 wds.

| | | | | | | |

They turn heads

| | | C | | |

A sucker for cleanliness

| | | C | | | |

It's over the hill

| | | | | T | | |

Lady in waiting

| B | | | | | | |

His business is taking off

| | | | | P | | |

Way off base

| | | | | A | | | |

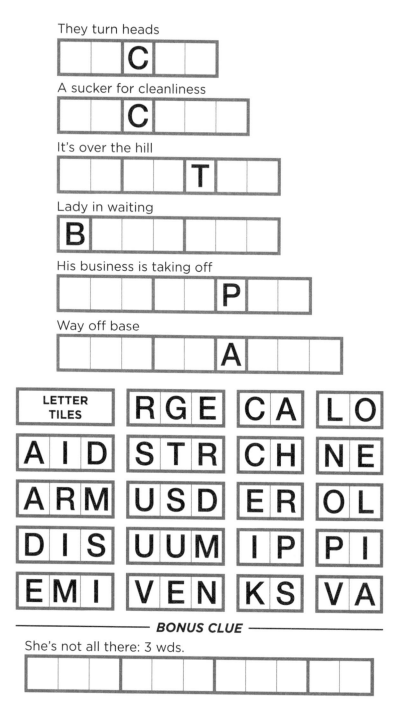

LETTER TILES	R G E	C A	L O
A I D	S T R	C H	N E
A R M	U S D	E R	O L
D I S	U U M	I P	P I
E M I	V E N	K S	V A

— BONUS CLUE —

She's not all there: 3 wds.

| | | | | | | | | | | | |

Org. out to save the world

| E | | |

Some of them have small fortunes

| | | | K | | | |

Checkout lines

| | | | U | | | |

He's got your number

| | | E | | | | |

It's in the cards

| | | | | I | | |

One up

| | | | | N | | |

— BONUS CLUE —

The land down under: 2 wds.

| | | | | | | | | | |

11

Line of checking

| R | | | |

Get smart

| | | U | | |

People aren't prone to see it

| | | | | | G |

Where you might see the writing on the wall

| | | | | O | | |

They're known for their pickup lines

| | | E | | | | | |

One catching a lot of heat: 2 wds.

| S | | | | | | | | | |

LETTER TILES

O L A	A N	I L
E I N	R P A	C E	I N
F A C	U L B	C H	O K
L E T	U N Y	D Y	P A
N E L	V R O	E B	S T

— BONUS CLUE —

He's a great big feller: 2 wds.

| | | | | | | | | |

12

They work with woofers and tweeters

| V | | | |

Says who?

| | | O | | |

He's as cold as ice

| | | | W | | | |

Chain link

| | | | A | |

It's all the same

| | | O | | | |

Baggage handler

| | | | P | | | |

— **BONUS CLUE** —

New age music: 2 wds.

| | | | | | | | | | | |

Knot in your stomach

| | | V | | |

Habitat for humanity

| | | R | | |

It separates the men from the boys

| | | | E | | | |

They're sloppy kissers

| P | | | | | | |

Divine comedy

| | | | | | P | | | |

Word up

| | | | | | | T | | |

───── *BONUS CLUE* ─────

They speak volumes

| | | | | | | | | |

14

He's in a class by himself

| | | T | | |

Couple with great chemistry

| | | R | | | |

It's on the house

| | | | N | | | |

Place of warship: 2 wds.

| | | V | | | | |

Boy toy

| | | | O | | | | |

They get slapped on the wrist

| | | | | | U | | |

LETTER TILES	G L E	B I	N A
A L L	H A N	C U	N G
A R D	I E S	D C	O H
C C H	P I N	E E	T U
F F S	S H I	I O	Y Y

BONUS CLUE

You see a lot of odd balls there: 2 wds.

| | | | | | | | | |

They're under dogs

| B | | | |

It's way cool and far out

| | | U | | |

Fire extinguisher

| | | T | | |

People get all bent out of shape over it: 2 wds.

| | | | A | | | |

Mug shot

| | | | | | S | |

He did the moonwalk

| | | | | | R | | |

M S T	A M	P L
E S P	O N G	A R	R E
G I N	S I N	E R	S O
G T E	U N S	G R	T O
M A T	Y O G	L E	W A

─── *BONUS CLUE* ───

Voice mail: 2 wds.

| | | | | | | | | | | | | | | |

Worry beads

| | | E | | |

It means a lot to most people

| | | D | | | |

You have to break a few eggs to make one

| | | F | | | |

One taking a stand

| | | | E | | |

They whistle while they work

| | | F | | | | |

Lucky U

| | | | | | H | |

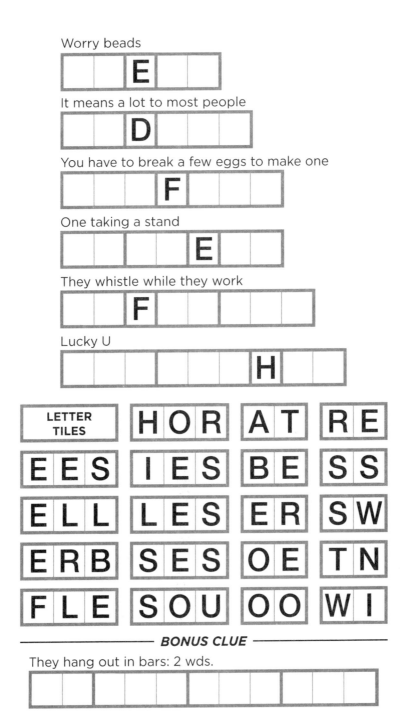

LETTER TILES		H O R	A T	R E
E E S	I E S	B E	S S
E L L	L E S	E R	S W
E R B	S E S	O E	T N
F L E	S O U	O O	W I

─────── *BONUS CLUE* ───────

They hang out in bars: 2 wds.

| | | | | | | | | | |

People go there when it's quitting time

| | | H | | | |

It's all downhill from here

| | | M | | | |

They're sky-high

| | | U | | |

Final exam

| | | O | | | |

Time for a slow jam: 2 wds.

| | | | O | | |

Everybody's doing it

| | | A | | | | |

— *BONUS CLUE* —

Face up: 4 wds.

| | | | | | | | | | | |

It's tasteless

| | | T | | |

Nut case

| S | | | |

Digs in the dirt

| | | | | N |

They get stuck in people's heads

| E | | | | |

It's at the end of the line

| | | | O | |

The butler did it

| H | | | | | |

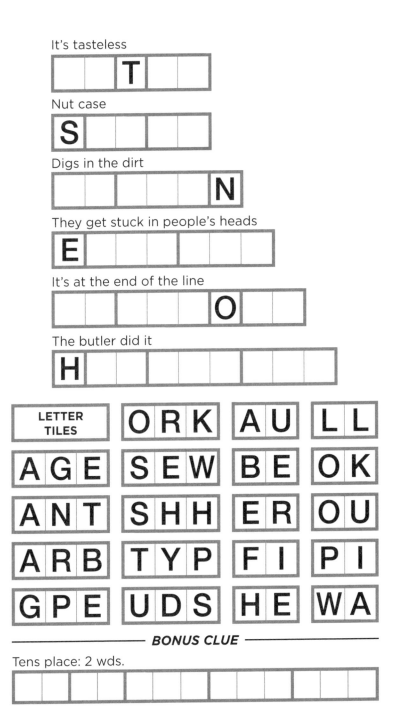

LETTER TILES	O R K	A U	L L
A G E	S E W	B E	O K
A N T	S H H	E R	O U
A R B	T Y P	F I	P I
G P E	U D S	H E	W A

───────── **BONUS CLUE** ─────────

Tens place: 2 wds.

| | | | | | | | | | | |

They're always getting in people's hair

| L | | | |

It's a work in progress

| | | A | | |

Energy drink

| | | F | | |

One looking to branch out

| | | | L | | | |

They stand up in court

| | | | L | | | |

It might cause a bank to collapse

| | | A | | | | |

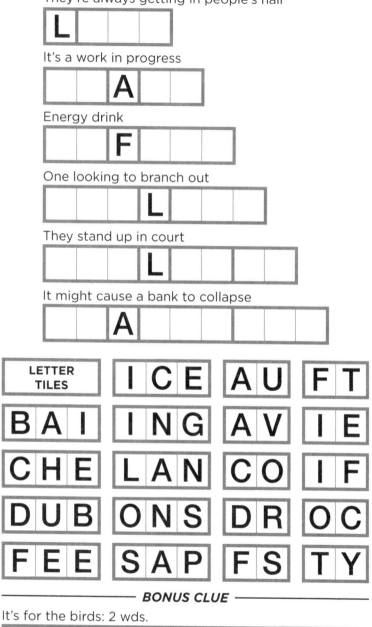

LETTER TILES	I C E	A U	F T
B A I	I N G	A V	I E
C H E	L A N	C O	I F
D U B	O N S	D R	O C
F E E	S A P	F S	T Y

─────────── *BONUS CLUE* ───────────

It's for the birds: 2 wds.

| | | | | | | | | | | | | | |

Introductory offer

| N | | | |

Torchbearer

| | | L | | | |

Roughly speaking

| | | | | I | |

Ice machine

| | | | O | |

He's trying to get something across

| | | | G | | |

Pickup truck: 2 wds.

| | | | | | A | | |

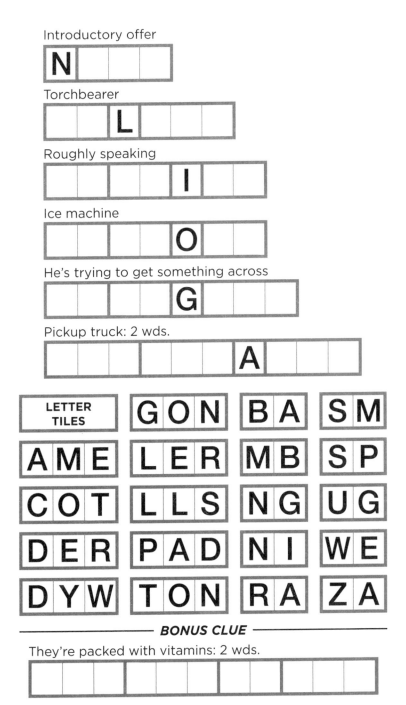

LETTER TILES	GON	BA	SM
AME	LER	MB	SP
COT	LLS	NG	UG
DER	PAD	NI	WE
DYW	TON	RA	ZA

— **BONUS CLUE** —

They're packed with vitamins: 2 wds.

| | | | | | | | | | | |

Animal control

☐ ☐ A ☐ ☐

They can't stand the heat

☐ ☐ O ☐ ☐ ☐

Food processor

☐ ☐ ☐ M ☐ ☐ ☐

You might need a key to open them

☐ ☐ R ☐ ☐ ☐ ☐

It just makes scents

☐ ☐ ☐ ☐ ☐ E ☐

They have spots on their fur: 2 wds.

☐ ☐ ☐ Z ☐ ☐ ☐ ☐

LETTER TILES	N E S	B S	R Y
A C H	O K S	C R	S A
F U M	P E R	D I	S H
F U Z	S T E	J O	V E
I C E	S T O	L E	Y D

— BONUS CLUE —

Mac daddy: 2 wds.

☐ ☐ ☐ ☐ ☐ ☐ ☐ ☐

This is what it sounds like when doves cry

| C | | |

They live off the land

| F | | | |

Firm in Italy: 2 wds.

| | | | | N | | |

Go nuts

| | | | | | E | | |

An old timer

| | | | | | L | | | |

Where to find hot chicks

| | | | | | A | | | |

───── *BONUS CLUE* ─────

A parting shot: 4 wds.

| | | | | | | | | | | |

He's not one to talk

| M | | | |

American pie

| | | P | | |

She works with a small staff: 2 wds.

| | | P | | | |

They run hot and cold

| | | | C | | | |

Head of state

| | | | | N | | |

Point of no return: Hyph.

| B | | | | | | | |

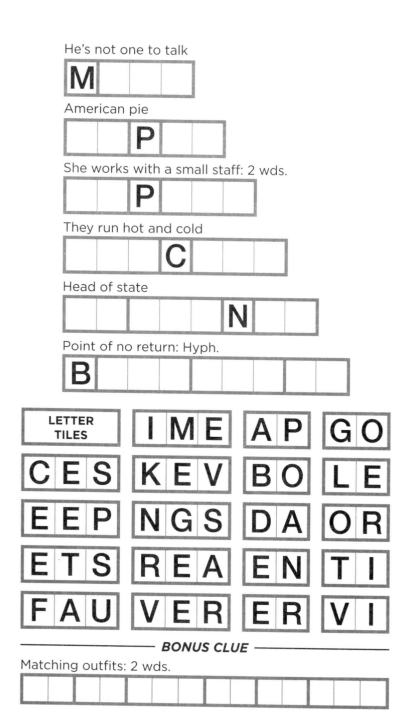

LETTER TILES	I M E	A P	G O
C E S	K E V	B O	L E
E E P	N G S	D A	O R
E T S	R E A	E N	T I
F A U	V E R	E R	V I

───────────── **BONUS CLUE** ─────────────

Matching outfits: 2 wds.

| | | | | | | | | | | | | |

Kind of a drag

| T | | | |

It's a piece of cake

| | | I | | |

Collar ID: 2 wds.

| | | G | | | |

He knows how to make an entrance

| | | | L | | |

Show stopper: 2 wds.

| | | | | L | | |

Site of much chewing out: 2 wds.

| | | | | | | A | | |

LETTER TILES	M A N	A R	D O
A S H	O K E	B U	N E
B L E	R S A	C A	P I
I C T	T A G	C E	R G
L E S	W S F	C N	S L

— *BONUS CLUE* —

Employee who works a lot: 2 wds.

| | | | | | | | | | |

Talking point

| B | | | |

It's the least you can do

| | | | I | | |

British invasion figure

| | | | O | | |

They know the drill

| | N | | | | |

Construction paper

| | | E | | | | |

Two grabbing takeout

| | | | | I | | | |

— *BONUS CLUE* —

Cruising altitude: 2 wds.

| | | | | | | | |

Frosted flakes

S ▢ ▢ ▢

They'll never amount to anything

▢ ▢ **R** ▢ ▢ ▢ ▢

Relief pitcher

▢ ▢ **L** ▢ ▢ ▢

It has some people scratching their heads

▢ ▢ ▢ ▢ **U** ▢ ▢ ▢

A high chair

▢ ▢ **R** ▢ ▢ ▢ ▢

It keeps you from getting burned out

S ▢ ▢ ▢ ▢ ▢ ▢ ▢

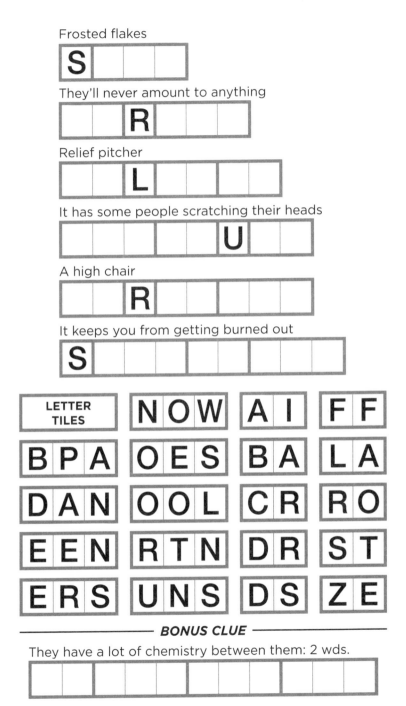

LETTER TILES	N O W	A I	F F
B P A	O E S	B A	L A
D A N	O O L	C R	R O
E E N	R T N	D R	S T
E R S	U N S	D S	Z E

───── *BONUS CLUE* ─────

They have a lot of chemistry between them: 2 wds.

▢ ▢ ▢ ▢ ▢ ▢ ▢ ▢ ▢ ▢ ▢ ▢ ▢

It might interrupt your flow

| D | | |

A small part of the entertainment business

| | | | O | |

Locks up

| C | | | | | |

Dashing fellow

| S | | | | | |

One focused on the big picture

| | | | L | |

They guarantee that no child is left behind

| | | | | | O | | |

—————————— *BONUS CLUE* ——————————

Meat-processing plant: 2 wds.

| | | | | | | | | | | |

The ends of the earth

_ _ L _ _

Anti-trust agreement

P _ _ _ _ _

It'll never fly

P _ _ _ _ _ _

They're always free of charge

_ _ U _ _ _ _

Nose job

_ _ I _ _ _ _

One with an image to keep up: 2 wds.

_ _ _ _ _ _ _ _ E

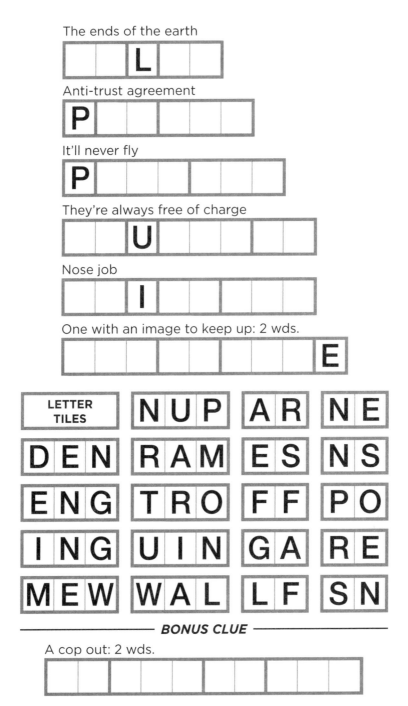

LETTER TILES

NUP	AR	NE
DEN	RAM	ES	NS
ENG	TRO	FF	PO
ING	UIN	GA	RE
MEW	WAL	LF	SN

──── *BONUS CLUE* ────

A cop out: 2 wds.

_ _ _ _ _ _ _ _ _ _

Garden party

| | | O | | |

They'll do your heavy lifting

| | | A | | | |

She doesn't have a leg to stand on

| | | | M | | | |

It's found among the leaves

| | | O | | | | |

It provides a kick in the butt

| | | C | | | | |

Salt shaker

| | | | P | | | | |

LETTER TILES

I N E	B O	M E
A I D	M B L	C R	N I
A R K	M E R	E D	O T
E C K	N E S	G N	T U
E W E	S H I	K M	W R

—— *BONUS CLUE* ——

The answer is blowin' in the wind

| | | | | | | | | |

He rooted for the Yankees

| | | A | | |

There's just no end to it

| | | R | | | |

Field trip

| H | | | | | | |

Turn loose

| U | | | | | | |

It's not much to go on: 2 wds.

| D | | | | | | | |

They make value judgments

| | | | | S | | | |

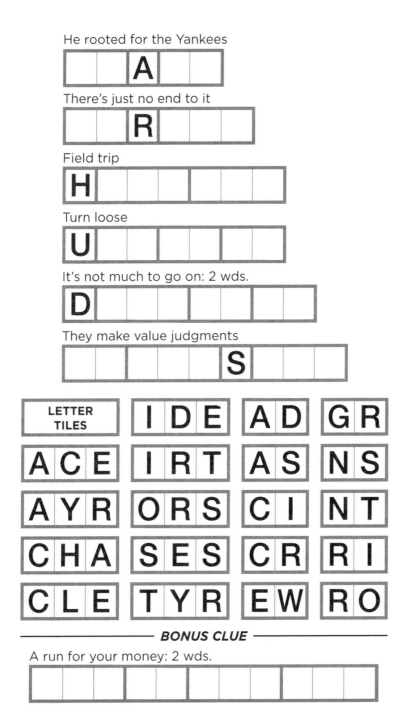

LETTER TILES

I D E	A D	G R
A C E	I R T	A S	N S
A Y R	O R S	C I	N T
C H A	S E S	C R	R I
C L E	T Y R	E W	R O

— *BONUS CLUE* —

A run for your money: 2 wds.

| | | | | | | | | | | |

No problem

| B | | | |

It's agitating

| | | U | | |

Cruise line

| | | T | | | |

They have bags to check

| | | | T | | | |

Snap out of it

| | | | O | | | |

Old car collector

| | | | | A | | | |

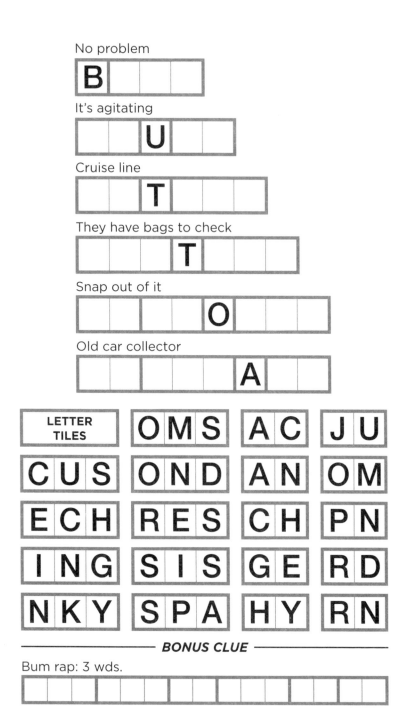

LETTER TILES

OMS AC JU

CUS OND AN OM

ECH RES CH PN

ING SIS GE RD

NKY SPA HY RN

───── *BONUS CLUE* ─────

Bum rap: 3 wds.

| | | | | | | | | | | | | | | | | |

Pencil holder

| E | | |

Holy city

| | | | E | | |

"That makes two of us!"

| | | | I | |

It comes in waves

| S | | | | | |

They're behind bars

| | | | | E | |

Field supervisor

| | | | | | R | |

LETTER TILES	R E S	A R	O N
E A W	R S H	C L	O W
E E D	S C A	D O	R S
M O W	T L E	H E	S U
R E C	T O L	N G	Y S

───────── **BONUS CLUE** ─────────

They're big in Japan: 2 wds.

| | | | | | | | | | | | |

They look out for you

| E | | | |

Student drivers

| | | S | | |

You can score with them in a bar

| | | R | | |

One making sure the kids are all right

| | | A | | | | | |

Go-to person

| | | | | S | | | |

It's not in man's nature

| | | | | | | T | | | |

LETTER TILES

IMA	AD	KS
ANT	SEE	BU	LI
BOO	TER	DA	RD
BRA	THE	ES	RY
DRE	YES	GO	TS

BONUS CLUE

Renewable resources: 2 wds.

| | | | | | | | | | | |

Help for someone who's shy

| L | | | |

North pole figure

| | | T | | |

They can't be serious

| | | O | | | |

Main entrance

| M | | | | | |

Park ranger

| S | | | | | | |

Birds do it, bees do it

| | | | | | N | | | |

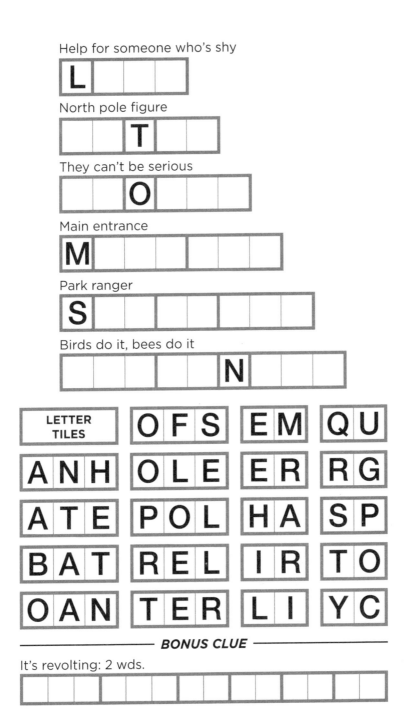

LETTER TILES

O F S	E M	Q U
A N H	O L E	E R	R G
A T E	P O L	H A	S P
B A T	R E L	I R	T O
O A N	T E R	L I	Y C

— *BONUS CLUE* —

It's revolting: 2 wds.

| | | | | | | | | | | |

It's found between Hindu temples

| | | N | | |

Strip joint

| | | | I | | |

Back issue

| | | | B | | | |

Makes a long story short

| | | R | | | | |

Kid with issues

| | | | | B | | |

They scare the hell out of people

| | | | | | I | | | |

LETTER TILES	L U M	A B	N O
A G O	O R C	B I	O Y
C A S	P E R	D I	P A
E H E	S T S	E X	R E
G E S	U A R	I D	Y O

BONUS CLUE

Words that let a guy know where he stands: 3 wds.

| | | | | | | | | | | |

One looking to get a line on something

| | | T | | |

Orderly fashion

| | | R | | | |

It's a thing of the past

| | | | | | | E |

He's flaky

| S | | | | | | |

They go without saying

| | | | | A | | |

On-site supervisor

| | | | | | S | | |

─── **BONUS CLUE** ───

Pound sign: 3 wds.

| | | | | | | | |

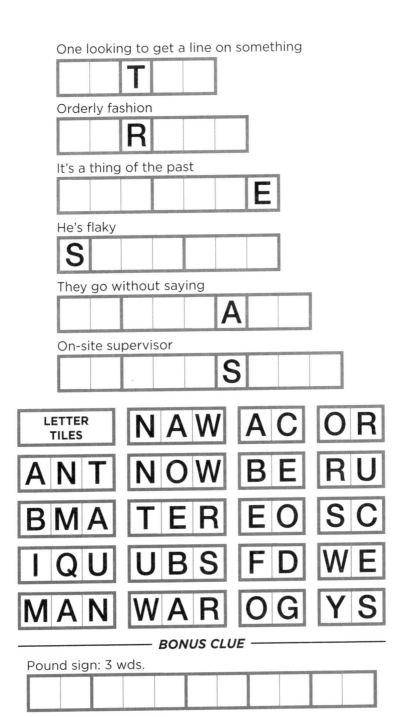

Heavenly light

| H | | | |

His business is in the hole

| | | N | | |

Circular file

| | | L | | | |

They get time off

| | | R | | | | |

It rises in the East: 2 wds.

| M | | | | | | | |

Senior moment

| | | | | | | T | | |

L E S	A B	J I
A L O	O L E	C A	M I
D U A	O U N	E R	O D
G R A	R D T	E S	P A
I O N	T F U	E X	R O

BONUS CLUE

People play tricks on them: 2 wds.

| | | | | | |

Personal matter

| D | | |

Oyster crackers

| | | T | | | |

They're out on a limb

| | | | | | | S |

Brain child

| | | | I | | |

You feel lost without yours

| B | | | | | | |

One often in the Loop

| | | | | G | | |

| LETTER TILES | GER | BA | GY |

| CHI | OAN | CA | NA |

| ERS | RBE | CU | OD |

| ESA | RIN | EA | OT |

| FIN | UCE | GS | PR |

———————— *BONUS CLUE* ————————

Food that sticks to your ribs: 2 wds.

| | | | | | | | | | | | | |

It's advanced

| L | | | |

Foreign aid: 2 wds.

| | | P | | | |

Little house on the prairie

| | | | | I | | |

It's written in stone

| | | I | | | |

A lot of name-calling goes on there

| | | | | O | | |

Mini driver

| | | | | | | L | | |

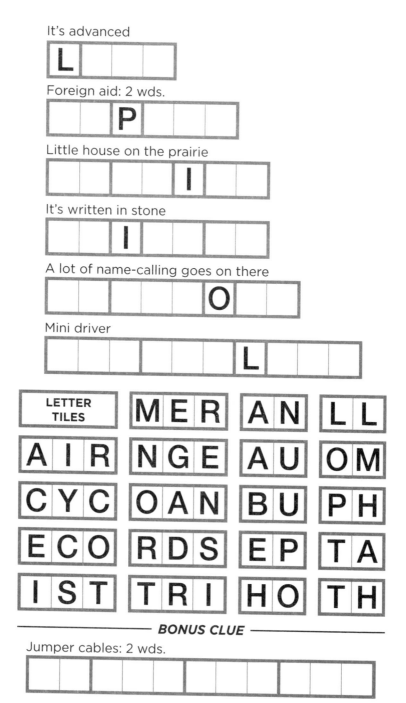

| LETTER TILES | | MER | AN | LL |

| AIR | NGE | AU | OM |

| CYC | OAN | BU | PH |

| ECO | RDS | EP | TA |

| IST | TRI | HO | TH |

─── BONUS CLUE ───

Jumper cables: 2 wds.

| | | | | | | | | | |

40

It takes two to do it

D

Ones biting the dust

T

Buddy buddy

N

Their tracks are covered

A

What floats your boat

A

It's all around you

R

LETTER TILES	E S S	B U	M I
C H A	M I S	B W	O Y
C H U	N C Y	D E	R L
C L I	T O N	E S	S U
E P I	U E L	L Z	Y S

BONUS CLUE

He worked for Peanuts: 2 wds.

41

They're on top of the world

| | | V | | |

Penn pal

| | | L | | | |

He sticks his neck out sometimes

| | | R | | | |

It's cut and dried

| | | | | | O |

Here we go

| | | | O | | |

High sign

| B | | | | | | | | |

RES	AL	OM
ACC	SCO	AP	PE
ARD	TLE	BO	TE
ILL	TOB	EL	TR
LER	URT	ES	TU

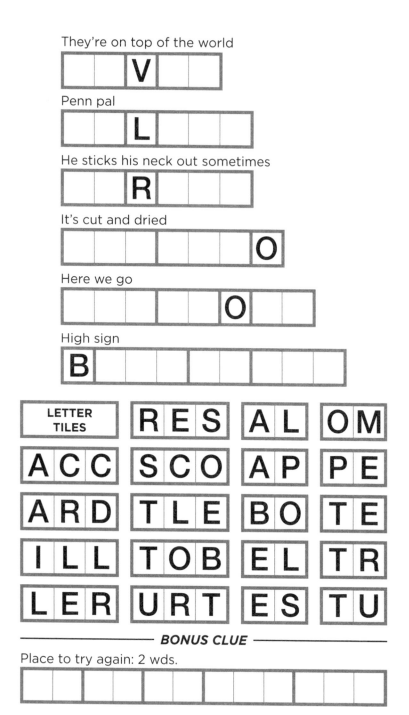

--- **BONUS CLUE** ---

Place to try again: 2 wds.

| | | | | | | | | | |

Red-headed one

| | | T | | |

It comes before a fall

| | M | | | |

His hands were tied

| | | D | | | |

They get teased a lot

| | | | I | | |

Neither here nor there

| | | | H | | | |

Hot wheels: 2 wds.

| S | | | | | | |

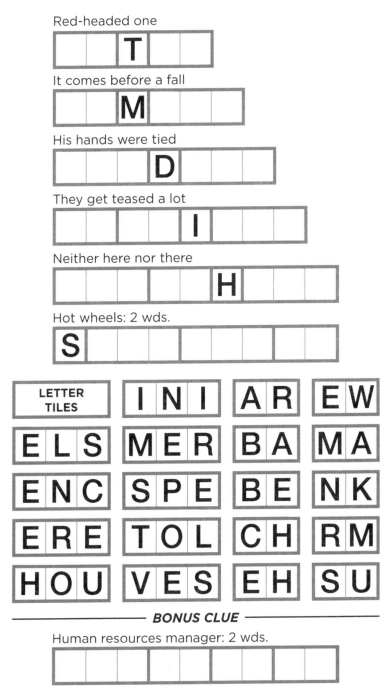

LETTER TILES	I N I	A R	E W
E L S	M E R	B A	M A
E N C	S P E	B E	N K
E R E	T O L	C H	R M
H O U	V E S	E H	S U

BONUS CLUE

Human resources manager: 2 wds.

| | | | | | | | | |

Prenuptial agreement: 2 wds.

| I | | |

Boss from hell

| | | V | | |

It can make a grown man cry

| O | | | |

Cup holder

| | | | | T | | |

They have deep pockets

| | | | | R | | | |

His career was in pieces: 2 wds.

| S | | | | | | | | |

— **BONUS CLUE** —

TV show featuring open and shut cases: 4 wds.

| | | | | | | | | | |

Study a broad, perhaps

| O | | | |

"This means war!"

| | | T | | | |

High horse

| | | | S | |

She gives good tips

| | | | I | |

They have a lot of pull

| R | | | | | | |

One taking inventory

| | | P | | | | | |

| L | I | F | | B | A | | P | E |

| B | R | A | | R | E | E | | G | A | | S | E |

| D | E | S | | S | H | O | | H | E | | T | I |

| G | L | E | | T | E | R | | I | P | | U | S |

| I | N | F | | T | L | E | | L | O | | Z | E |

— **BONUS CLUE** —

It's a big headache for some people: 2 wds.

| | | | | | | | | |

45

Book collection

B				

They're appealing

		E		

One making the cut

		R		

Space heater

				I			

Ham actress: 2 wds.

						G		

Superheroes wear them out

						A		

LETTER TILES	M I S	A S	L L
A L K	N T S	B A	N L
B E R	O W T	G Y	P I
E R P	S P I	I B	P L
G H T	U N D	L E	S U

— *BONUS CLUE* —

Romance language: 2 wds.

It has sharp teeth

| S | | |

Lint trap

| | | V | | |

Running gear

| | | T | | | |

Cowboys took shots at them

| | | | | | | S |

They're no great shakes

| | | | O | | |

Speed reader: 2 wds.

| T | | | | | | | | | |

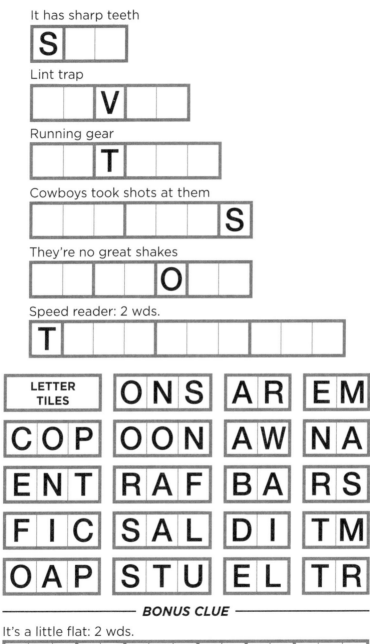

LETTER TILES

ONS	AR	EM
COP	OON	AW	NA
ENT	RAF	BA	RS
FIC	SAL	DI	TM
OAP	STU	EL	TR

BONUS CLUE

It's a little flat: 2 wds.

| | | | | | | | | | | | | | |

Collector's items

| | | B | | |

Messages you received while you were out

| | | E | | |

It's a little fishy

| | | | O | | |

Sticking point

| B | | | | | |

She's been framed: 2 wds.

| | | | | I | | |

People dump all over them

| | | | | I | | | |

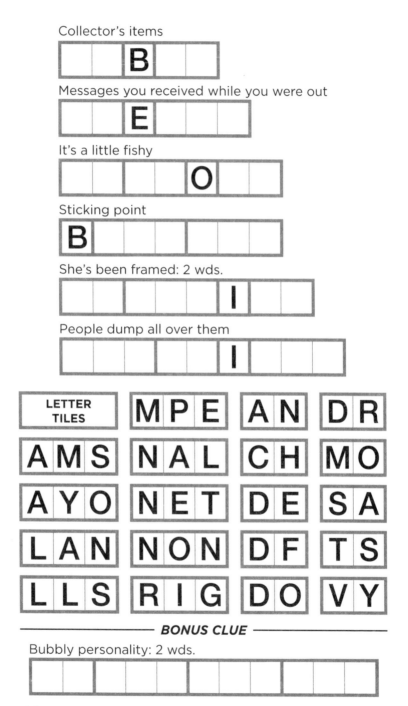

LETTER TILES	M P E	A N	D R
A M S	N A L	C H	M O
A Y O	N E T	D E	S A
L A N	N O N	D F	T S
L L S	R I G	D O	V Y

─── *BONUS CLUE* ───

Bubbly personality: 2 wds.

| | | | | | | | | | | |

Full of spirit

| | | U | | |

Service agreement: 2 wds.

| | | S | | | |

It is what it is

| | | N | | | |

There's no future in it

| | | | O | | |

Bar keeper: 2 wds.

| F | | | | | | | |

They're shooting stars

| | | | | A | | |

LETTER TILES	O U N	D R	O X
A D R	P A R	H I	P A
A V E	P R O	I H	R Y
E A M	S I R	K N	S T
O R T	Z Z I	N K	Y E

── *BONUS CLUE* ──

Acceptance speech line: 4 wds.

| | | | | | | | | | |

What you're driving at

| | | E | | |

Stuffed animal

| | | R | | | |

They're topless at the beach

| | | | D | | | |

Seedy place to live

| | | R | | | | |

The rolling stones

| | | | | L | | |

It ends in a tie: 2 wds.

| | | | | | | | E |

LETTER TILES	I D E	B I	I K
A G E	L S P	D C	R O
A G S	K E Y	D O	S P
A L S	R A I	E D	T U
C K S	S A N	G G	Y B

— *BONUS CLUE* —

They carry out orders: 2 wds.

| | | | | | | |

French dip

| P | | | |

Beam up

| | | F | | |

It's degrading

| | M | | | | |

They're usually drawn at random

| | | | L | | |

Freight elevator

| | R | | | | | |

One with no line of credit: 2 wds.

| | | | | | X | | |

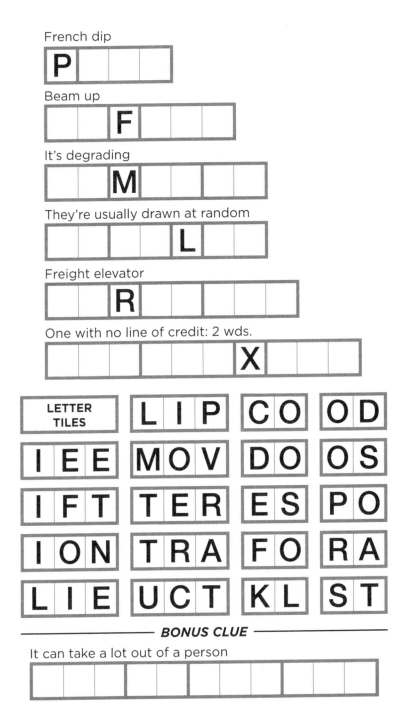

LETTER TILES

LIP	CO	OD
IEE	MOV	DO	OS
IFT	TER	ES	PO
ION	TRA	FO	RA
LIE	UCT	KL	ST

— **BONUS CLUE** —

It can take a lot out of a person

| | | | | | | | | | |

You might take it on the run

| | | | D |

One leading a charmed life

| | | | | A |

They wear G strings

| | | | A | |

Yellow jacket

| | | | | O | |

They're low-down and dirty

| | | | | O | | |

Person staring off into space

| | | | | | O | | |

M E R	A T	G U
A S T	N D B	B R	I T
I C E	O F F	C O	R A
I N C	R O N	D C	R S
I P O	X E S	E E	S A

BONUS CLUE

Joe cool: 2 wds.

| | | | | | | | | |

Fashionably late

| | | S | | |

It's a walk in the park

| | | R | | | |

They provide full accident coverage

| | | | P | | | |

Do Lab work

| | | | | I | | | |

They do their part

| | | | | | I | | |

Stick in your mouth

| | | | | P | | | |

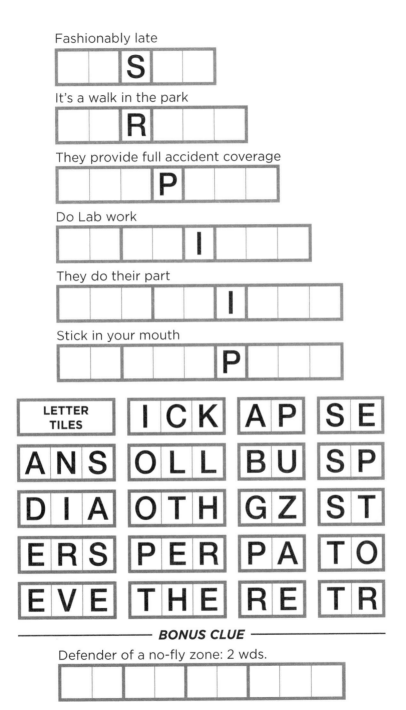

LETTER TILES	I C K	A P	S E
A N S	O L L	B U	S P
D I A	O T H	G Z	S T
E R S	P E R	P A	T O
E V E	T H E	R E	T R

─── *BONUS CLUE* ───

Defender of a no-fly zone: 2 wds.

| | | | | | | |

53

Crackers

| | | I | | |

One assisting with a hat trick

| R | | | | |

It surrounds the Milky Way

| | | P | | | |

She gets a leg up at work

| | | | E | | |

One born to run

| | | | O | | |

It can give you a sinking feeling

| | I | | | | |

LETTER TILES

C K S	A B	P S
A N D	P E R	C H	Q U
A R T	R S E	C K	R A
B I T	T T E	F L	R O
C E H	W R A	O W	W H

─── **BONUS CLUE** ───

A drawn-out process: 2 wds.

| | | | | | | |

54

Word of mouth

`O` `_` `_` `_`

Blue man group

`_` `_` `U` `_` `_` `_`

Stool softener

`_` `_` `L` `_` `_` `_`

There may be butts about it

`A` `_` `_` `_` `_` `_`

Temporarily out of service: 2 wds.

`O` `_` `_` `_` `_` `_`

A piece of your mind

`_` `_` `_` `_` `_` `L` `_` `_`

LETTER TILES	ONT	AY	SH
CER	RAL	CR	SM
EBE	RFS	EA	TR
LOW	ROL	NL	UI
LUM	SEC	PI	VE

--- BONUS CLUE ---

It can keep you up to speed: 2 wds.

`_` `_` `_` `_` `_` `_` `_` `_` `_` `_` `_`

Top this

| | | Z | | |

Don't mention it

| | | C | | | |

They're under wraps

| | | | M | | | |

Oil change: 2 wds.

| | | | | | N | | |

He's bullheaded

| | | | | T | | | |

One working behind the scenes

| | | | | | H | | |

LETTER TILES	MUM	EY	PI
AND	NGG	GA	SE
AUR	RET	GE	UM
CHE	SMO	MI	WI
IES	STA	NO	ZA

──── *BONUS CLUE* ────

Wrigley field: 2 wds.

| | | | | | | | | | |

56

Money-back guarantee

| I | | |

Hood ornament

| | | I | | |

Light industry pioneer

| | | I | | | |

Nature abhors one

| | | | T | | | | |

Space invaders

| | | | | | S |

They go against the grain

| | | | | | O | | | |

LETTER TILES

L I T	B L	R F
C R O	L S T	E D	R U
D E R	M I L	E R	S U
E R B	N E S	N G	U G
I N T	S O N	O U	W D

——— BONUS CLUE ———

One who's high at a rock concert: 2 wds.

| | | | | | | | | |

Pitch fork user

| | | | R |

They're full of hot air

| | U | | | |

One fixing a clog

| | B | | | |

Testy people

| | O | | | |

It's right in the middle of the ocean

| | | | | O | | |

Traffic reporter: 2 wds.

| H | | | | | | | | |

─── *BONUS CLUE* ───

They're always looking for new blood: 2 wds.

| | | | | | | |

Circus barker

| S | | | |

A shady place

| | | S | | |

They knock on wood

| | | V | | | |

Bale bond

| H | | | | | |

One having a ball

| | | | | A | | |

They appeared on Larry King

| | | | | | D | | | |

LETTER TILES	I V E	A R	G A
B U T	N T E	A Y	I S
E A L	P E N	D C	O A
E L S	R S E	D E	R E
E R S	S U S	D R	W I

───── *BONUS CLUE* ─────

Training wheels: 3 wds.

Wild thing

| | | | | R |

Blind spot

| | | | D | | |

Yellow submarine component

| | | | | | | D |

Pipe cleaner

| | | | B | | |

It's a wake-up call

| | | | | L | | |

They're all over the map

| | | | | | I | | |

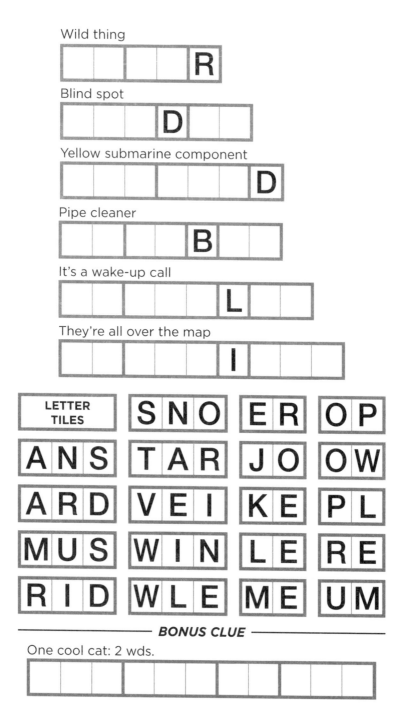

LETTER TILES

SNO ER OP
ANS TAR JO OW
ARD VEI KE PL
MUS WIN LE RE
RID WLE ME UM

— *BONUS CLUE* —

One cool cat: 2 wds.

| | | | | | | | | |

60

People want him for his body

| | | **D** | | |

Band aid

| | | **A** | | | |

Words said in passing: 2 wds.

| | | **L** | | |

It starts at home

| | | | | | **I** | | |

Sea world

| | | | | **N** | | |

Pier group

| **B** | | | | | | | |

LETTER TILES

N A C	A R	L A
D I E	O N G	A T	M O
E R K	S E L	B A	N E
E R S	T E A	E L	R J
L E S	T I S	G O	R O

——— *BONUS CLUE* ———

Read 'em and weep

| | | | | | | | | | | |

Crowd pleaser

| O | | | |

Join forces

| | | L | | | |

It's in the bag

| R | | | | | |

Result of being rubbed the wrong way

| B | | | | |

A dish best served cold

| | | | A | | | |

They raise children

| | | | | | A | | |

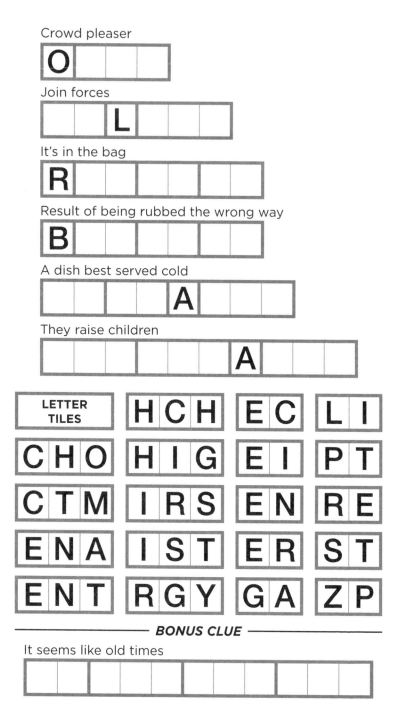

LETTER TILES	H C H	E C	L I
CHO	HIG	EI	PT
CTM	IRS	EN	RE
ENA	IST	ER	ST
ENT	RGY	GA	ZP

─────── *BONUS CLUE* ───────

It seems like old times

| | | | | | | | | | | |

62

It's fenced off

`[ ][ ][ ][ ][T]`

Sentence structure

`[P][ ][ ][ ][ ]`

Sometimes, it's on the fly

`[ ][ ][ ][ ][R]`

Freedom fighter

`[D][ ][ ][ ][ ]`

They deliver

`[ ][ ][ ][R][ ][ ]`

One who logs long hours at work

`[ ][ ][ ][ ][J][ ][ ]`

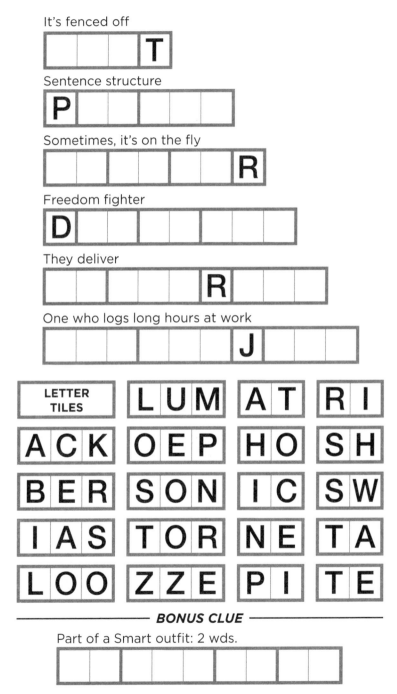

LETTER TILES

LUM	AT	RI
ACK	OEP	HO	SH
BER	SON	IC	SW
IAS	TOR	NE	TA
LOO	ZZE	PI	TE

─── *BONUS CLUE* ───

Part of a Smart outfit: 2 wds.

`[ ][ ][ ][ ][ ][ ][ ][ ]`

63

It can cause quite a stir

		X		

Ring a boxer's in

			L		

Mail escort

						R

They have fans in Japan

				H		

You might go to town on it

					E		

They help you watch your language

					T			

LETTER TILES	COU	AB	GE
AIN	LES	AR	IS
ARG	PLE	AS	MI
BTI	RIE	BU	SS
COL	SIN	ER	SU

BONUS CLUE

A limited-time offer: 2 wds.

Spring for a luxurious getaway

| | | A |

It can be hard to swallow

| | | I | | |

Glass elevator

| | | S | | | |

Don't leave home without it

| | | | | I | | |

They have tall orders to fill

| | | | | U | | | |

It's all washed up

| | | | | W | | | |

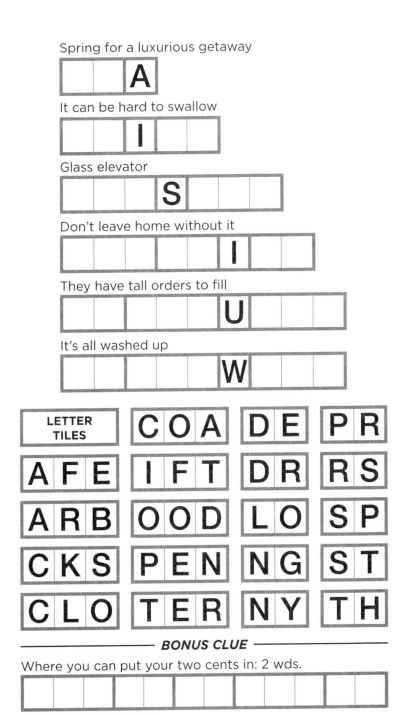

LETTER TILES

COA	DE	PR
AFE	IFT	DR	RS
ARB	OOD	LO	SP
CKS	PEN	NG	ST
CLO	TER	NY	TH

───────── *BONUS CLUE* ─────────

Where you can put your two cents in: 2 wds.

| | | | | | | | | | | |

Baker's dozen

| E | | | |

Navigation lights

| | | A | | |

It's heard straight from the horse's mouth

| | | I | | | |

Seeing someone

| | | | C | | |

They let it all hang out

| | | | S | |

It's flatter than a pancake

| | | | | | L | | |

BONUS CLUE

Overnight delivery: 2 wds.

| | | | | | | | | | | | | | |

Phone home

| | | O | |

They never have long lines

| | | I | | | |

He has no class

| | | P | | | |

It measures up

| | | | U | | |

Case workers

| | | | O | |

It goes around and comes around

| B | | | | | | | |

M E R	A L	H A
A N G	M S H	B O	H E
D R O	O U T	D E	I T
G E S	T I T	E S	O O
K U S	U N D	G U	T H

—— *BONUS CLUE* ——

It's a blessing

| | | | | | | | |

It's nothing, really

| | | L | | |

Kids do what he says

| S | | | | |

Coffee maker

| | | | I | | | |

They live in glass houses

| G | | | | | |

One whose job is on the line

| | | | A | | |

A pace maker

| | | | | N | | |

OLD	CH	ON
BAR	OME	ER	OP
BER	STA	FI	RO
GRA	TOR	IM	SH
MET	VER	OB	ZI

─── *BONUS CLUE* ───

Plot spoiler

| | | | | | | | | | |

They can see right through you: Hyph.

| | | A | | |

Check point

| | | | | Y |

Acting president

| | | A | | |

Gentlemen prefer them

| M | | | | | | |

Brady bunch

| | | | | | O | |

It's spotted at the scene of a fire

| | | L | | | | | |

--- *BONUS CLUE* ---

Twisted person: 2 wds.

| | | | | | | | | | |

They do House work

| R | | | |

Prepare for takeoff

| | | | P |

Movable type

| | | | Y |

Make a trial run: 2 wds.

| | | I | | | | |

It can mend a broken heart

| | | | | A | | |

Strike zone: 2 wds.

| | | | | | L | | | |

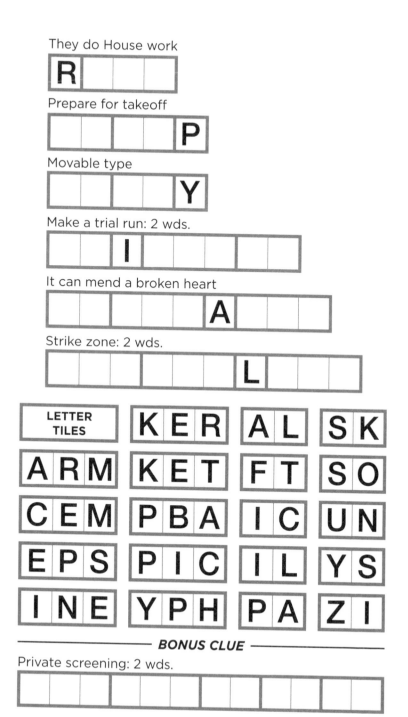

LETTER TILES

KER	AL	SK
ARM	KET	FT	SO
CEM	PBA	IC	UN
EPS	PIC	IL	YS
INE	YPH	PA	ZI

--- BONUS CLUE ---

Private screening: 2 wds.

| | | | | | | | | | |

Some like it hot

`_ _ _ _ A`

Dead man walking

`_ M _ _ _`

Teen wolf

`_ _ T _ _ _`

Kindergarten cop

`_ T _ _ _`

A view to a kill

`G _ _ _ _ _`

It came from outer space

`_ _ _ R _ _`

LETTER TILES

LAU · CH · SA

BIE · NER · ER · TA

CES · PIE · HT · TL

ESS · SIG · LS · UN

ITE · TEO · ME · ZO

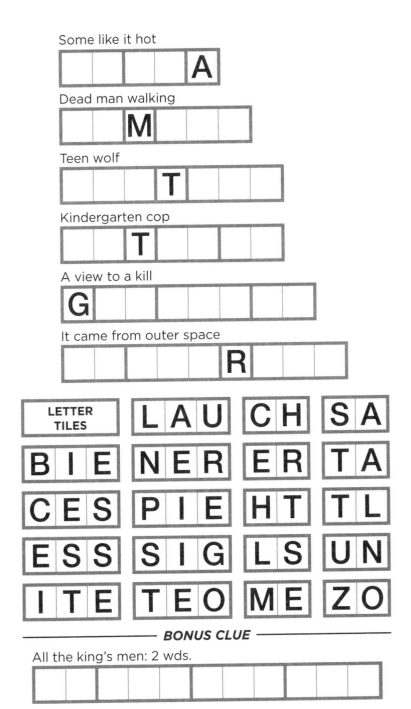

— BONUS CLUE —

All the king's men: 2 wds.

`_ _ _ _ _ _ _ _ _`

Engagement ring

| | | | R |

It's on the lamb

| | | E | | | |

Crawl space

| | A | | | | |

They're all talk

| | | | | | | S |

Cold case: 2 wds.

| | | E | | | | |

He's got news for you: 2 wds.

| | | | | R | | | |

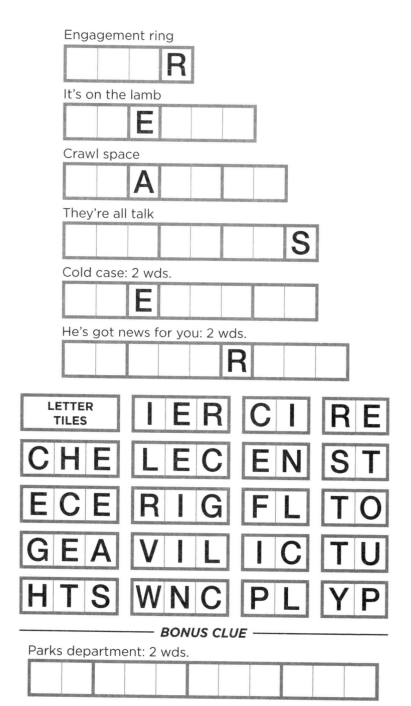

LETTER TILES

I E R	C I	R E
CHE	LEC	EN	ST
ECE	RIG	FL	TO
GEA	VIL	IC	TU
HTS	WNC	PL	YP

— BONUS CLUE —

Parks department: 2 wds.

| | | | | | | | | | |

One dining on the fly

| F | | | |

It grows on you

| H | | | |

High school musical

| | | E | | | |

One with a lot on his plate

| | | | T | | | |

A figure of speech

| | N | | | | |

Held up in traffic

| | | | | C | | | |

LETTER TILES

I V E	C A	M A
A I R	K E D	G L	O N
A S E	N A L	G R	S E
E S T	R J A	G U	U T
I S T	R O G	L I	X I

—— BONUS CLUE ——

People person: 3 wds.

| | | | | | | | | | | | | | |

It might come to a head

I ▢ ▢ ▢

You can't live without it

▢ ▢ Y ▢ ▢ ▢

Where some people get into hot water

▢ ▢ ▢ Z ▢ ▢

It's a long shot

▢ ▢ N ▢ ▢ ▢ ▢ ▢

Peer reviewer

▢ ▢ O ▢ ▢ ▢ ▢ ▢

They have short stories

D ▢ ▢ ▢ ▢ ▢ ▢ ▢ ▢ ▢

— **BONUS CLUE** —

WWII boom town: 2 wds.

▢ ▢ ▢ ▢ ▢ ▢ ▢ ▢

Animal attraction

__ __ **O**

Centipede's home

__ __ **C** __ __ __

They'll keep you in your place

__ __ __ __ __ **S**

Lush sounds

__ __ __ **C** __ __

It makes all the difference in the world

__ __ __ __ **S** __ __

They've got issues

__ __ __ **S** __ __ __ __

LETTER TILES	LAY	AN	FL
ADE	TAN	AR	NE
HIC	TDE	CH	OR
IGH	UPS	DI	WS
ITY	VER	DS	ZO

———————— *BONUS CLUE* ————————

It can keep you grounded: 2 wds.

__ __ __ __ __ __ __ __ __ __

Like taking candy from a baby

| | | | | L | |

Show with Hamm acting: 2 wds.

| | D | | | | |

He's an early riser

| | | S | | | |

Player hater

| | | | | | R |

They put down roots on the West Coast

| | | O | | | |

It breaks from the main stream

| | | | T | | |

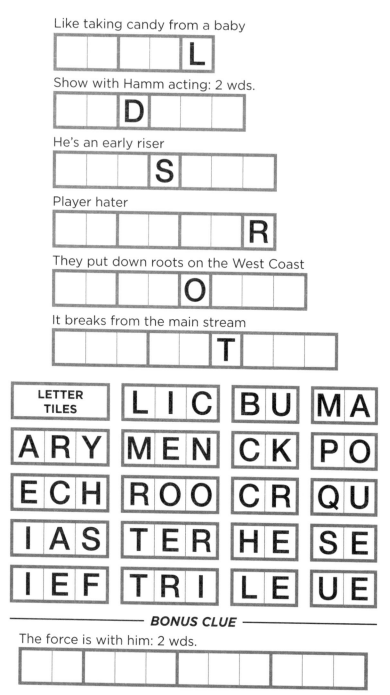

LETTER TILES	L I C	B U	M A
A R Y	M E N	C K	P O
E C H	R O O	C R	Q U
I A S	T E R	H E	S E
I E F	T R I	L E	U E

— BONUS CLUE —

The force is with him: 2 wds.

| | | | | | | | | | | |

76

Little john

| | | | | Y |

Get cracking

| | | T | | |

Cooling-off period

| | | T | | | |

They tuck people in

| | | | D | | | |

It's a lot to take

| | | | | O | | |

Water with lime

| | | | | W | | | |

O V E	A U	R D
A C K	S I T	C H	S E
A S H	U M N	E T	T E
G I R	V A R	H A	T T
L E S	W H I	P O	Y J

BONUS CLUE

Letter carrier: 2 wds.

| | | | | | | | | | | | | |

Washer dryer

| | | W | | |

Keys on a piano

| | | I | | | |

It might say "Hello"

| | | | | | G |

Paper work

| | | I | | | |

They spent a long time on the wagon

| | | | E | | |

Bill changer

| | | | M | | | |

LETTER TILES

ENT	AL	ND
AME	ETA	DA	OR
BLE	NAM	EL	PI
CIA	ONE	GA	RS
DOU	TES	MI	TO

BONUS CLUE

They put two and two together: 2 wds.

| | | | | | | | | | | |

All grown up

| | | M | | | |

Till then

| | | | I | | |

Maine dish

| L | | | | | |

Crunch time

| W | | | | | |

Its days are numbered

| | | L | | | | |

Overhead projector

| C | | | | | | |

LETTER TILES	O W N	A P	K O
A R D	S P R	A T	N G
D A R	T E R	C A	O R
G B O	U L T	D I	U N
O B S	V I N	E N	U T

——————— **BONUS CLUE** ———————

Poolside bar: 2 wds.

| | | | | | | | | | | |

Duck call

F □ □ □

They're attached at the hip

□ □ M □ □ □

Finish line: 2 wds.

□ □ □ □ □ D

It's at your disposal

□ □ □ □ □ □ E

Three-dimensional characters

□ □ □ L □ □

What's in store

□ □ □ □ □ T □ □ □

O O S	A G	I N
A S E	O R E	A I	L E
E C H	O R Y	B R	R B
E E N	U R S	F E	T H
L D G	V E N	G A	W I

── *BONUS CLUE* ──

Trivial pursuit: 2 wds., hyph.

□ □ □ □ □ □ □ □ □ □ □ □ □ □

This could be the start of something big

| M | | | |

It may be at the end of a rainbow

| | | I | | |

Double takes

| | | U | | |

Block and tackle user

| | | | | | N |

It might save a seat for you

| | | I | | | | | |

Head banger

| | | | | | C | | | |

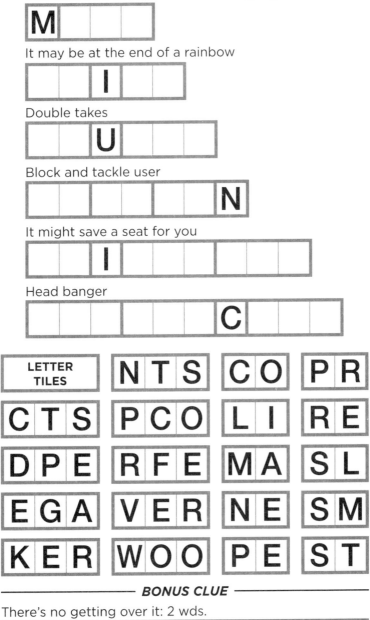

LETTER TILES

NTS	CO	PR
CTS	PCO	LI	RE
DPE	RFE	MA	SL
EGA	VER	NE	SM
KER	WOO	PE	ST

BONUS CLUE

There's no getting over it: 2 wds.

| | | | | | | | | |

It gives you latitude

G | | |

Where you might get a word in edgewise

| | | R | | | |

One casing the joint

| | | | | C | | |

They hang around the house

| | | I | | | |

It's high-strung

| | | | | R | | | |

A change of heart

| | | | | | | L | | |

N E D   A P   K N

A N T   N S P   C L   L E

F T B   O P E   E E   M A

G H T   R A I   E S   P S

G I N   T R A   I C   T I

BONUS CLUE

Not right in the head: Hyph.

| | | | | | | | | | |

Chilly powder

S _ _ _

It's a trip

_ _ **N** _ _ _

Forever stamps

T _ _ _ _ _ _ _

Kitty hawk result

_ _ **I** _ _ _ _

One to zip

_ _ _ **F** _ _ _

They flip out sometimes

_ _ _ _ _ **I** _ _ _

LETTER TILES

NOW	AD	LE
ALL	OOT	AT	OE
CAN	SPR	FE	OS
ING	STS	HA	RB
KET	VER	JU	TO

───── *BONUS CLUE* ─────

March madness: 2 wds.

_ _ _ _ _ _ _ _ _ _ _ _ _ _

Something anyone can agree with

| | | D |

Boxers' competitors

| | | I | | | |

Guy of your dreams

| | | | M | |

Penny lane: 2 wds.

| | | | | L | |

All about Eve: 2 wds.

| | | | | A | | |

One facing the music

| C | | | | | | | |

─── *BONUS CLUE* ───

They're up at all hours: 2 wds.

| | | | | | | | | |

Overhead storage compartment

| A | | | | |

Rough housing

| | | A | | |

One long in the tooth

| | | L | | |

Japanese Beatle lover: 2 wds.

| Y | | | | | |

It charts a course

| | | | | | | S |

They work in the hood

| | | | | N | | |

BONUS CLUE

Hot streak: 2 wds.

| | | | | | | | | | | |

House that requires a sitter

N _ _ _

Western union

_ _ S _ _

Talk turkey

_ _ B _ _

Where to read liner notes

L _ _ _ _ _

You see a lot of compact cars there

_ _ _ _ _ A _

A fixer-upper

_ _ _ _ _ _ _ R

LETTER TILES	C H M	B O	P O
A K E	E S T	E R	R D
A P Y	I C K	G O	S B
A R S	M A T	O G	S E
B L E	S C R	O K	S N

— BONUS CLUE —

They come from Mars: 2 wds.

_ _ _ _ _ _ _ _ _ _ _

It's on a roll

| T | | | |

Come out of retirement

| | | K | | |

They give you space to breathe

| | | M | | | |

Young rocker

| | | A | | |

Putting through the mill: 2 wds.

| | | N | | | | |

Afraid of being snapped at: Hyph.

| | | | | | A | | |

LETTER TILES	F E T	C O	M B
A P E	I G O	C R	M I
C A M	M A S	E N	S A
D L E	N N U	E R	W A
E R S	S H Y	L F	Y I

— *BONUS CLUE* —

Social security: 3 wds.

| | | | | | | | | | | | | | |

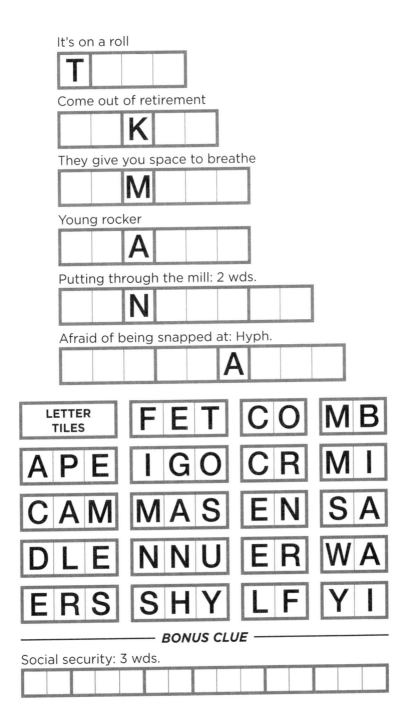

It wets your whistle

| | | L | | |

One in a rush

| | | E | | | |

They don't give in to pier pressure

| | | | I | | | |

Twitter user

| S | | | | | |

They're little squirts

| | | | I | | | |

Flashy automobile

| | | | A | | |

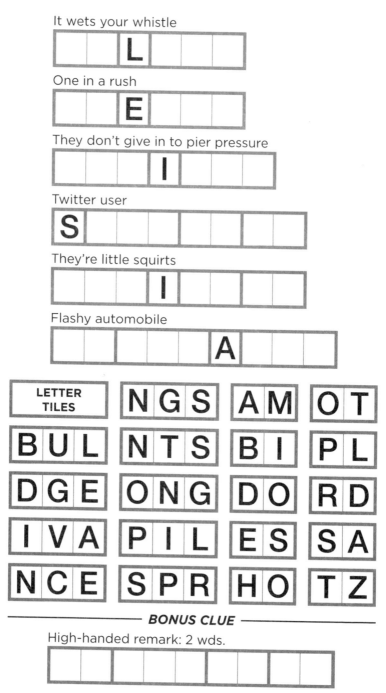

LETTER TILES	N G S	A M	O T
B U L	N T S	B I	P L
D G E	O N G	D O	R D
I V A	P I L	E S	S A
N C E	S P R	H O	T Z

─── *BONUS CLUE* ───

High-handed remark: 2 wds.

| | | | | | | | |

Bacon or lettuce, but not tomato

| | | N | | |

Worker's compensation

| | | L | | | |

It ends up in a pickle

| | | | E | | | |

The inner circle: Hyph.

| | | | | | | E |

One walking on eggshells

| | | | | L | | | |

They often lie down on the job

| | | | | N | | | |

LETTER TILES	I C S	B U	H A
A R Y	I N G	C H	L L
C H A	S E Y	C O	M E
E A T	T C H	D E	M O
G A R	V I N	E Y	S A

—— *BONUS CLUE* ——

Game changer: 2 wds.

| | | | | | | | |

Pixie sticks

| | | N | | |

They're always paid in person

| | | S | | | |

It has catchy hooks

| | | L | | | |

Glass ceiling

| S | | | | | |

It might rain on your parade

| | | N | | | | |

A pair of archers

| | | | | O | |

I T S	C O	T A
CRO	O O F	D S	V E
E B R	P E R	E Y	V I
E C O	T T I	F E	WA
E R S	U N R	R D	W S

— *BONUS CLUE* —

They're run by dictators: 2 wds.

| | | | | | | | | | | | | | | | | |

One getting the scoop

| | | | E |

Single parent

| | B | | |

Something covered in American history

| | | N | |

They hang out on the street

| | | I | | |

Some of them fly south for the winter

| | | | | S | |

Web designer

| C | | | | | |

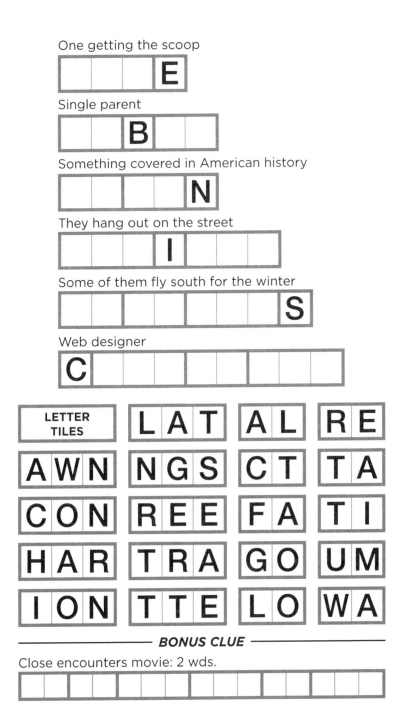

LAT   AL   RE

AWN   NGS   CT   TA

CON   REE   FA   T I

HAR   TRA   GO   UM

I ON   TTE   LO   WA

— *BONUS CLUE* —

Close encounters movie: 2 wds.

| | | | | | | | | | | | | | |

They fall flat on their faces

| D | | | |

Component in the creation of the cosmos

| | | D | | |

It goes through cycles

| | | N | | | |

Breakout performer

| | | | I | | |

Drag race

| | I | | | | |

Member of a lobby group

| | | C | | | |

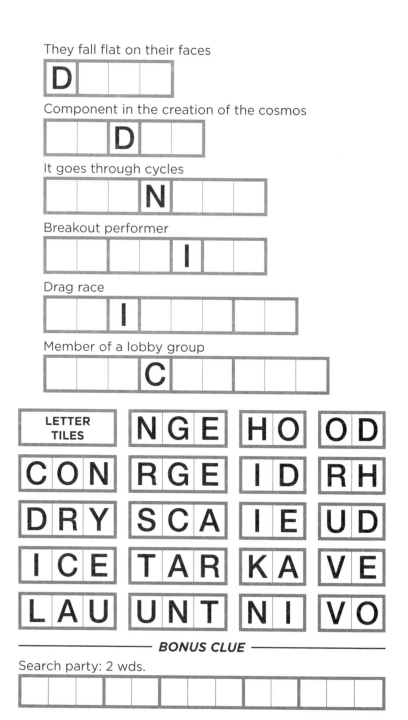

LETTER TILES

NGE	HO	OD
CON	RGE	ID	RH
DRY	SCA	IE	UD
ICE	TAR	KA	VE
LAU	UNT	NI	VO

—————————— *BONUS CLUE* ——————————

Search party: 2 wds.

| | | | | | | | | | | | |

Obstacle to being clear-headed

| A | | | |

It has a bit part

| | | | L |

They surfaced during WWII: Hyph.

| | O | | | |

Darn it: 2 wds.

| | | S | | |

One making a scene

| | R | | | | |

Game that's fun from the word Go

| | N | | | | |

LETTER TILES

O	P	O		D	I		L	Y
A	T	S		Q	U	A		D	R		M	O
C	N	E		R	E	C		E	C		O	U
O	C	K		T	O	R		I	L		R	T
O	L	D		U	R	S		F	O		U	B

———— *BONUS CLUE* ————

It's drawn and quartered: 3 wds.

| | | | | | | | | | | | | |

Rear view

| M | | | |

It can make your hair stand on end

| | | A | | | |

He works with his hands

| | | | E | | |

They get dressed up for the holidays

| | | | | | S |

They have their dark days

| | | | | E | | |

They're high on the hog

| | | | | | B | | | |

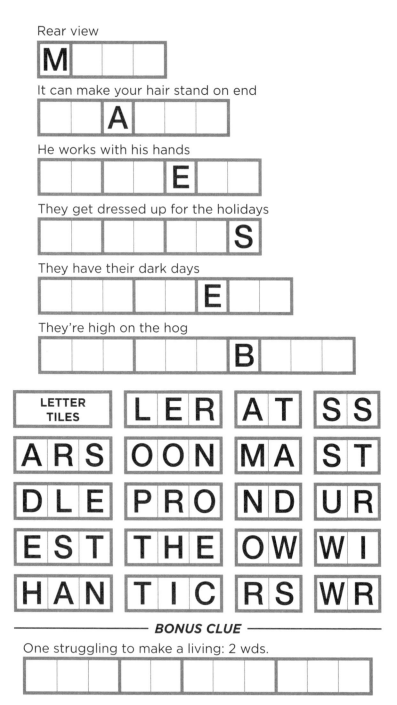

LETTER TILES

L E R	A T	S S
A R S	O O N	M A	S T
D L E	P R O	N D	U R
E S T	T H E	O W	W I
H A N	T I C	R S	W R

BONUS CLUE

One struggling to make a living: 2 wds.

| | | | | | | | | | |

94

Action items

Little dipper: 2 wds.

Down-to-earth gatherings

It takes the edge off

Bay window

He always runs late

LETTER TILES

I D E   A N   S S

B A G   L E T   B S   T E

C A P   P I C   D I   T H

E R M   P O R   H A   U P

I C S   T H I   L E   V E

———————— *BONUS CLUE* ————————

High-end label: 3 wds.

Spell out

| C | | | |

They're often skipped at school

| | | P | | |

Rescue dog

| | | S | | |

It might result in belt-tightening

| D | | | | | |

Taken by surprise

| | | | | P | | | |

Fly catcher

| | | | | | L | | | |

LETTER TILES	LOG	EA	LA
DER	OMA	ES	NG
DNA	OUT	IE	RO
FIE	PED	IS	TI
GEN	SIE	KI	TS

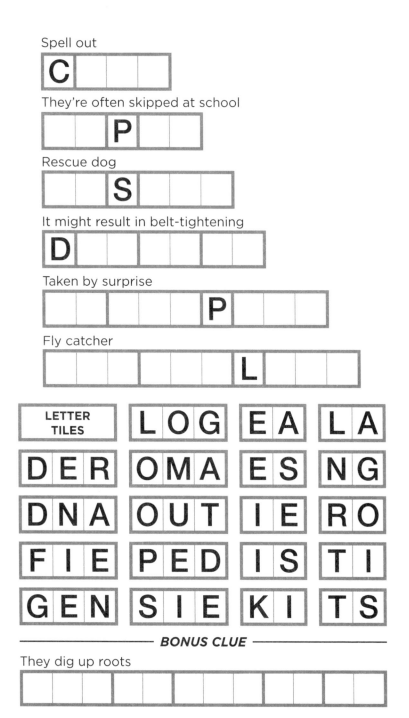

BONUS CLUE

They dig up roots

| | | | | | | | | | |

One for the road

| T | | | |

They aren't very user-friendly

| | R | | |

It's rough around the edges

| F | | | | | | |

High profile

| | | | I | | |

It's on the tip of your tongue: 2 wds.

| | | | | B | |

Heavy sweater

| | | | W | | |

LETTER TILES

O L L   A I   S K
A I R   R R Y   C S   T A
A R T   S T E   M O   U D
A T S   U N T   N A   W O
N G O   W A Y   N E   Y L

— *BONUS CLUE* —

Butters up: 2 wds.

| | | | | | | | | | | | | | |

It's over your head

| | | A | | |

Get off track

| | | | A | | |

They rock your world

| | | A | | |

It might have a worn-out "Welcome"

| | | | R | | | |

An old pen name

| | | C | | | | |

Illegal border crossing: 2 wds.

| | | | | A | | | |

LETTER TILES	M A T	A L	L P
A T R	O T F	A Z	N E
D E R	R Y N	F O	Q U
D O O	S T E	H E	R P
K E S	U L T	I L	S C

BONUS CLUE

She got an "A" in literature: 2 wds.

| | | | | | | | | | | |

They work with some sick puppies

V ▢ ▢ ▢ ▢

Teasers

C ▢ ▢ ▢ ▢

It's up against the wall

▢ ▢ U ▢ ▢ ▢

It may be too cool for school: 2 wds.

▢ ▢ ▢ ▢ ▢ Y

Drinks are on them

▢ ▢ ▢ T ▢ ▢ ▢

Legal tender

▢ ▢ ▢ ▢ I ▢ ▢

———— BONUS CLUE ————

Great Scot: 3 wds.

▢ ▢ ▢ ▢ ▢ ▢ ▢ ▢ ▢ ▢ ▢ ▢ ▢ ▢ ▢ ▢

Stud poker

| S | | | |

Sneakers do it

| T | | | | | |

They need driving lessons

| | | | | E | | |

Self help

| | | | | | | S | |

It's often full of Wonder

| | | | | B | | |

They shine in the workplace

| | | | | | | A | | | |

LETTER TILES

MOS	BR	OE
BOO	OME	DU	OR
CKS	PUR	ED	OX
EAD	TBL	FF	RO
IPT	YCH	IT	RS

--- *BONUS CLUE* ---

Male carrier: 2 wds.

| | | | | | | | | | |

It's often useful in a pinch

| S | | | |

Boat load

| | | A | | |

Talking heads' output

| | | | | Y |

Line in the sand

| C | | | | | | |

Title holder

| | | | E | | |

A smoke-filled room: 2 wds.

| | | | | | | | R |

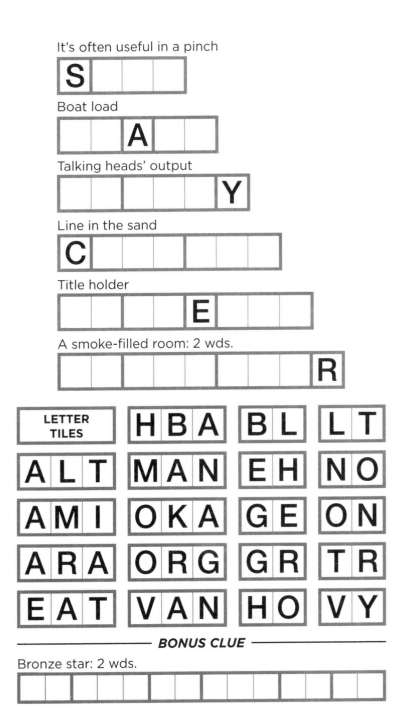

LETTER TILES	H B A	B L	L T
ALT	MAN	EH	NO
AMI	OKA	GE	ON
ARA	ORG	GR	TR
EAT	VAN	HO	VY

─── *BONUS CLUE* ───

Bronze star: 2 wds.

| | | | | | | | | | | | | |

Startup co.

A | | |

Fly-by-nighter

| | N | | |

Home work

| | O | | |

It might be put on the spot

P | | | | | |

Child proof: 2 wds.

| | B | | | | |

Neck and neck: 2 wds.

| | | B | | | | |

L E C A A C H

D I N O N S A C M P

D O U R E S A N R O

G I R T I V B A S A

H I N Y B U B R T A

— *BONUS CLUE* —

They have hot tips for stock owners: 2 wds.

| | | | | | | | | | | | | |

They do unspeakable acts

| | | M | | |

One that gets depressed during exams

| | | N | | | |

Cup holder

| | | U | | | |

He's got reservations: 2 wds.

| | | | T | | | |

Pocket protector

| | | | | R | | |

Long line at the theater

| | | | | | | | Y |

LETTER TILES	I L O	C K	M I
A L C	M A I	D I	O O
C E R	N G A	E S	Q U
G I T	R E D	K A	S A
G U E	S O L	L O	T O

── BONUS CLUE ──

Hands-free device: 2 wds.

| | | | | | | | | | | | | |

He played with Checkers

| | | X | | |

Foreign object

| | | P | | | |

They turn the Tide

| | | | | | S |

Fence post

| | | | | H | |

They get charged a lot

| M | | | | | |

Something you raise a small flap over

| | | | | | O | | |

LETTER TILES	I N G	D O	O N
A T A	M A T	G E	O P
B U R	O R T	I M	P A
C H B	W A S	N I	R K
H E R	W N S	O K	R S

BONUS CLUE

Arch rival: 2 wds.

| | | | | | | | | | |

It's staked out

| T | | | |

Party line

| | | N | | |

A lasting impression

| | | S | | | |

Beepers

| | | | S | | | |

They'll flip for you

| | | A | | | | |

Computer hookup

| | | | | | X | |

O R S   B E   I A

C E N   R S E   C O   R U

E N T   S I L   C Y   S P

L A S   T T E   F O   S S

N R O   U L E   G A   T U

BONUS CLUE

Game with only one round: 2 wds.

| | | | | | | | | | | | | | | |

Like someone who shows up late

| | | A |

One destined for a meltdown

| | | | W | | | |

Game that puts you on the spot

| | | | | T | |

It's not cool

| | | K | | | | |

They serve the people

| | | | | | B | | |

He's a fast talker

| A | | | | | | | | | |

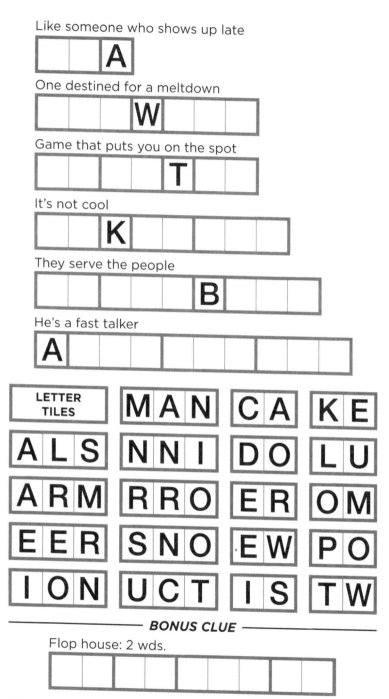

LETTER TILES	MAN	CA	KE
ALS	NNI	DO	LU
ARM	RRO	ER	OM
EER	SNO	EW	PO
ION	UCT	IS	TW

BONUS CLUE

Flop house: 2 wds.

| | | | | | | | |

It's fit for a king

| R | | | |

Double ewe

| | | L | |

It's at the end of the line

| | | I | | |

One on a bender

| | | | P | | |

Writer's block

| | | | R | | |

Upper-class woe

| | | | | I | |

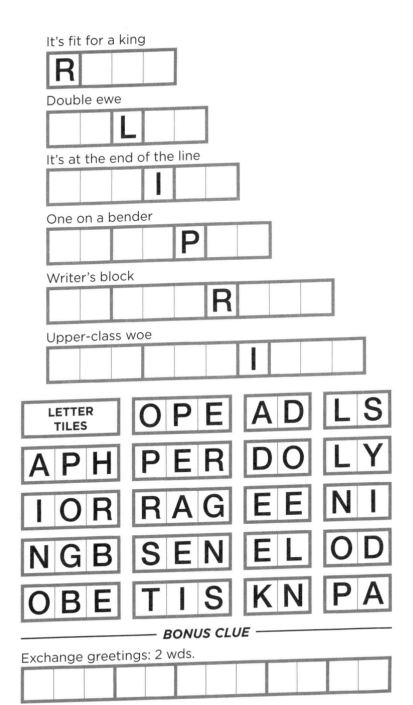

LETTER TILES	O P E	A D	L S
A P H	P E R	D O	L Y
I O R	R A G	E E	N I
N G B	S E N	E L	O D
O B E	T I S	K N	P A

— BONUS CLUE —

Exchange greetings: 2 wds.

| | | | | | | | | | |

107

Pit crew worker

| | | N | | |

People have faith in it

| | | M | | | |

One involved in a summer fling

| | | | S | | |

It's only natural

| | | | A | | |

They end up in hot water

| | | | | E | |

They're drifters

| | A | | | | |

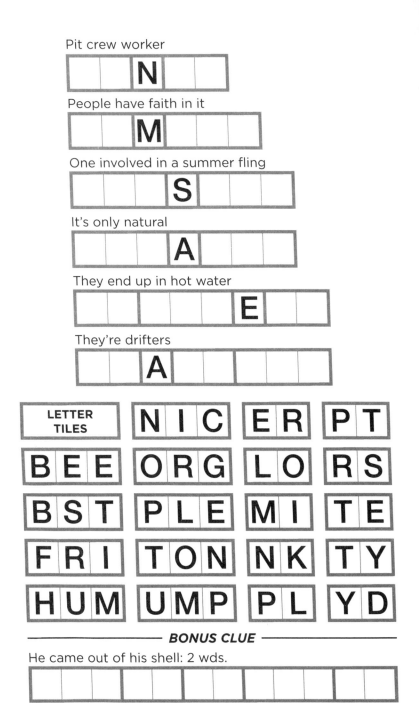

LETTER TILES

NIC	ER	PT
BEE	ORG	LO	RS
BST	PLE	MI	TE
FRI	TON	NK	TY
HUM	UMP	PL	YD

──────── *BONUS CLUE* ────────

He came out of his shell: 2 wds.

| | | | | | | | | | | |

You can count on them

| | | A | | |

Wind instruments

| | | I | | | |

They make 8 tracks

| | | | E | | |

Theater prop

| | | | | T |

They're full of bull

| | | | | S |

One whose expertise is right at your fingertips

| | | | | R | | | |

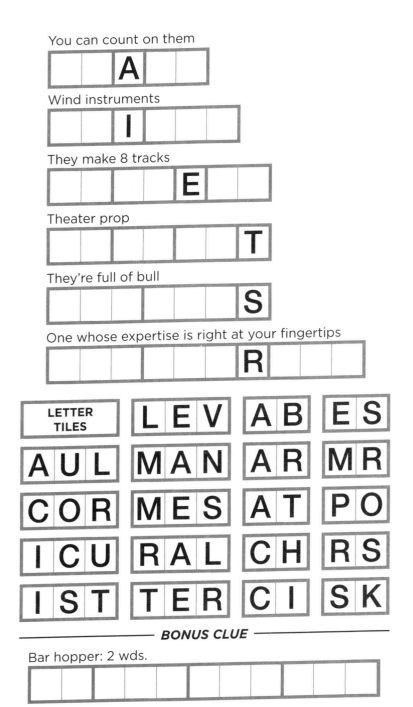

LETTER TILES

LEV AB ES
AUL MAN AR MR
COR MES AT PO
ICU RAL CH RS
IST TER CI SK

BONUS CLUE

Bar hopper: 2 wds.

| | | | | | | | | |

It's only one side of the story

| W | | | |

Bed wetter

| | | V | | |

They think inside the box

| | | R | | | |

They leave people in stitches

| | | | | | S | |

He was no rolling stone fan

| | | | Y | | | |

It's full of culture: 2 wds.

| | | | R | | | | | |

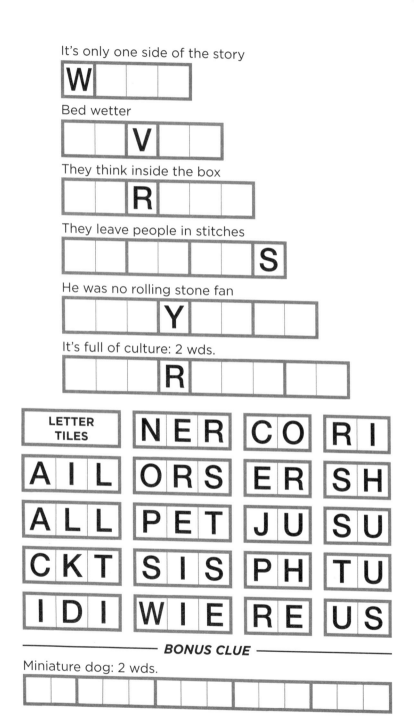

LETTER TILES	N E R	C O	R I
A I L	O R S	E R	S H
A L L	P E T	J U	S U
C K T	S I S	P H	T U
I D I	W I E	R E	U S

— BONUS CLUE —

Miniature dog: 2 wds.

| | | | | | | | | | | | |

Flash in the pan

| G | | | |

Pole dance

| | | M | | |

It's for self-serving people

| | | F | | | |

Great depression

| | | | T | | |

They're stonewalled

| | | | | | S |

Off and running, in a sense

| | | | | I | | | |

——————— *BONUS CLUE* ———————

Toaster setting: 2 wds.

| | | | | | | | | | | | | | | |

Burn rubber

A _ _ _

He has chiseled features

_ _ V _ _

In-house policy

_ _ _ F _ _

Tom jones

_ _ T _ _ _

Iron-clad

A _ _ _ _ _ _

They come out at night

_ _ N _ _ _ _ _

LETTER TILES

OUN CA ID

CUR RED DA MA

GEC RES DE OR

LOE RMO EW RR

NIP SEL IA TU

— *BONUS CLUE* —

One working to form a more perfect union: 2 wds.

_ _ _ _ _ _ _ _ _ _ _ _ _ _ _ _ _ _ _

Shoe polish

| S | | | |

Some homeowners side with it

| | | N | | |

Raise the dead

| | | | | E |

They might be Giants

| N | | | | |

It can turn you into a frog

| | | | U | |

Ballot box contents: 2 wds.

| | | | | M | | |

— *BONUS CLUE* —

Pickup line: 3 wds.

| | | | | | | | | | | |

Coat hanger

| H | | | |

Sewer lines

| | A | | |

Spam email target

| H | | | | |

One with a coat of many colors

| | L | | |

One pushing daisies

| | | R | | |

Blotters

| | | | I | |

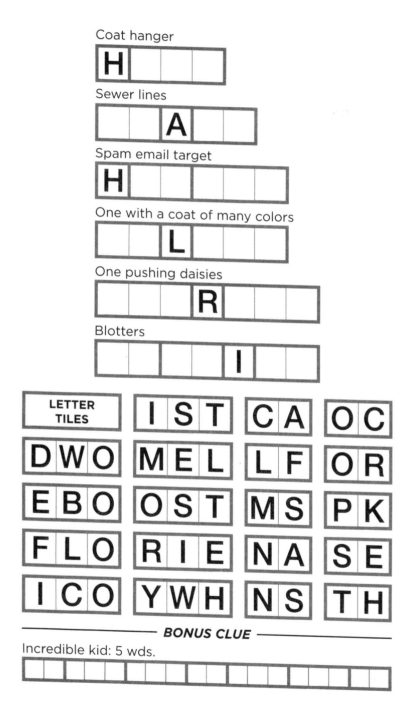

LETTER TILES

I S T	C A	O C
D W O	M E L	L F	O R
E B O	O S T	M S	P K
F L O	R I E	N A	S E
I C O	Y W H	N S	T H

— *BONUS CLUE* —

Incredible kid: 5 wds.

| | | | | | | | | | | | | | | | | | | | | | |

114

Radiator that keeps you warm

		N

He had a gift

		G		

It's a breeze

		P			

Umbrella holders: 2 wds.

M					

They have friends in high places

			R			

Their business is picking up

B					

LETTER TILES

OYS	AA	MA
GHT	PAS	AI	SU
HYR	SCA	CT	TA
ION	SHE	IS	US
MER	USB	LI	ZE

—— *BONUS CLUE* ——

Roll call: 3 wds.

Page 6
Word on the street: SLOW
It's a small world: GLOBE
Roll up: THUNDER
Tough cookies: BISCOTTI
Stall for Time: NEWSSTAND
Finger paint: NAIL POLISH
They're all ears: CORNFIELDS

Page 7
They come out of the blue: TEARS
Free of charge: ACQUIT
He works at home: CATCHER
Stamp collector: PASSPORT
It does a body good: EXERCISE
Pit crew: ORCHESTRA
A blast from the past: THE BIG
    BANG

Page 8
You might throw it to the wind:
    KITE
Motion to dismiss: SHRUG
They hang around swingers at
    parties: PINATAS
What's bugging you?: WIRETAP
People open up to them:
    DENTISTS
Night watchman: STARGAZER
It's remarkable: DRY-ERASE
    BOARD

Page 9
Growing pains: WEEDS
It's open for discussion: MOUTH
They're full of preservatives:
    MUMMIES
Buck naked: BANKRUPT
It might open a cab for you:
    CORKSCREW
There's no accounting for it:
    EMBEZZLING
Super duper: CON ARTIST

Page 10
They turn heads: NECKS
A sucker for cleanliness: VACUUM
It's over the hill: CAPITOL
Lady in waiting: BARMAID
His business is taking off:
    STRIPPER
Way off base: DISCHARGE
She's not all there: VENUS
    DE MILO

Page 11
Org. out to save the world: EPA
Some of them have small fortunes:
    COOKIES
Checkout lines: OBITUARY
He's got your number: OPERATOR
It's in the cards: GREETING
One up: INSOMNIAC
The land down under: OCEAN
    FLOOR

Page 12
Line of checking: REIN
Get smart: STUDY
People aren't prone to see it:
    CEILING
Where you might see the writing
    on the wall: FACEBOOK
They're known for their pickup
    lines: CHEVROLET
One catching a lot of heat: SOLAR
    PANEL
He's a great big feller: PAUL
    BUNYAN

Page 13
They work with woofers and
    tweeters: VETS
Says who?: HOOTS
He's as cold as ice: SNOWMAN
Chain link: SAUSAGE
It's all the same: MONOTONY
Baggage handler: THERAPIST
New age music: HAPPY BIRTHDAY

Page 14
Knot in your stomach: NAVEL
Habitat for humanity: EARTH
It separates the men from the
    boys: PUBERTY
They're sloppy kissers: PUPPIES
Divine comedy: HAIRSPRAY
Word up: SKYWRITING
They speak volumes:
    AUDIOBOOKS

116

Page 15

He's in a class by himself: TUTEE
Couple with great chemistry: CURIES
It's on the house: SHINGLE
Place of warship: NAVY YARD
Boy toy: PINOCCHIO
They get slapped on the wrist: HANDCUFFS
You see a lot of odd balls there: BINGO HALL

Page 16

They're under dogs: BUNS
It's way cool and far out: PLUTO
Fire extinguisher: WATER
People get all bent out of shape over it: YOGA MAT
Mug shot: ESPRESSO
He did the moonwalk: ARMSTRONG
Voice mail: SINGING TELEGRAM

Page 17

Worry beads: SWEAT
It means a lot to most people: OODLES
You have to break a few eggs to make one: SOUFFLE
One taking a stand: WITNESS
They whistle while they work: REFEREES
Lucky U: HORSESHOE
They hang out in bars: BEER BELLIES

Page 18

People go there when it's quitting time: REHAB
It's all downhill from here: SUMMIT
They're sky-high: CLOUDS
Final exam: AUTOPSY
Time for a slow jam: RUSH HOUR
Everybody's doing it: BREATHING
Face up: MAN IN THE MOON

Page 19

It's tasteless: WATER
Nut case: SHELL
Digs in the dirt: PIGPEN
They get stuck in people's heads: EARBUDS
It's at the end of the line: FISHHOOK
The butler did it: HOUSEWORK
Tens place: BEAUTY PAGEANT

Page 20

They're always getting in people's hair: LICE
It's a work in progress: DRAFT
Energy drink: COFFEE
One looking to branch out: SAPLING
They stand up in court: BAILIFFS
It might cause a bank to collapse: AVALANCHE
It's for the birds: AUDUBON SOCIETY

Page 21

Introductory offer: NAME
Torchbearer: WELDER
Roughly speaking: RASPING
Ice machine: ZAMBONI
He's trying to get something across: SMUGGLER
Pickup truck: PADDY WAGON
They're packed with vitamins: COTTON BALLS

Page 22

Animal control: LEASH
They can't stand the heat: CROOKS
Food processor: STOMACH
You might need a key to open them: SARDINES
It just makes scents: PERFUMERY
They have spots on their fur: FUZZY DICE
Mac daddy: STEVE JOBS

117

Page 23

This is what it sounds like when doves cry: COO
They live off the land: FISH
Firm in Italy: AL DENTE
Go nuts: JAPANESE
An old timer: HOURGLASS
Where to find hot chicks: INCUBATOR
A parting shot: ONE FOR THE ROAD

Page 24

He's not one to talk: MIME
American pie: APPLE
She works with a small staff: BO PEEP
They run hot and cold: FAUCETS
Head of state: GOVERNOR
Point of no return: BREAK-EVEN
Matching outfits: DATING SERVICES

Page 25

Kind of a drag: TOKE
It's a piece of cake: SLICE
Collar ID: DOG TAG
He knows how to make an entrance: BURGLAR
Show stopper: NEWS FLASH
Site of much chewing out: PICNIC TABLE
Employee who works a lot: CAR SALESMAN

Page 26

Talking point: BEEP
It's the least you can do: NOTHING
British invasion figure: REDCOAT
They know the drill: DENTISTS
Construction paper: BLUEPRINT
Two grabbing takeout: CHOPSTICKS
Cruising altitude: SEA LEVEL

Page 27

Frosted flakes: SNOW
They'll never amount to anything: ZEROES
Relief pitcher: ROLAIDS
It has some people scratching their heads: DANDRUFF
A high chair: BARSTOOL
It keeps you from getting burned out: SUNSCREEN
They have a lot of chemistry between them: LAB PARTNERS

Page 28

It might interrupt your flow: DAM
A small part of the entertainment business: CAMEO
Locks up: COWLICK
Dashing fellow: SPRINTER
One focused on the big picture: MURALIST
They guarantee that no child is left behind: CHAPERONES
Meat-processing plant: VENUS FLYTRAP

Page 29

The ends of the earth: POLES
Anti-trust agreement: PRENUP
It'll never fly: PENGUIN
They're always free of charge: NEUTRONS
Nose job: SNIFFING
One with an image to keep up: WALL FRAME
A cop out: GAME WARDEN

Page 30

Garden party: GNOME
They'll do your heavy lifting: CRANES
She doesn't have a leg to stand on: MERMAID
It's found among the leaves: BOOKMARK
It provides a kick in the butt: NICOTINE
Salt shaker: SHIPWRECK
The answer is blowin' in the wind: TUMBLEWEED

Page 31

He rooted for the Yankees: GRANT
There's just no end to it: CIRCLE
Field trip: HAYRIDE
Turn loose: UNSCREW
It's not much to go on: DIRT ROAD
They make value judgments: ASSESSORS
A run for your money: CHARITY RACE

Page 32

No problem: BOND
It's agitating: CHURN
Cruise line: ACTING
They have bags to check: CUSTOMS
Snap out of it: HYPNOSIS
Old car collector: JUNKYARD
Bum rap: SPARE SOME CHANGE

Page 33

Pencil holder: EAR
Holy city: TOLEDO
"That makes two of us!": CLONING
It comes in waves: SEAWEED
They're behind bars: HERSHEY'S
Field supervisor: SCARECROW
They're big in Japan: SUMO WRESTLERS

Page 34

They look out for you: EYES
Student drivers: BUSES
You can score with them in a bar: DARTS
One making sure the kids are all right: GOATHERD
Go-to person: ADDRESSEE
It's not in man's nature: ANTIMATTER
Renewable resources: LIBRARY BOOKS

Page 35

Help for someone who's shy: LOAN
North pole figure: TOTEM
They can't be serious: SPOOFS
Main entrance: MANHOLE
Park ranger: SQUIRREL
Birds do it, bees do it: POLLINATE
It's revolting: BATTERY CHARGER

Page 36

It's found between Hindu temples: BINDI
Strip joint: CASINO
Back issue: LUMBAGO
Makes a long story short: ABRIDGES
Kid with issues: PAPERBOY
They scare the hell out of people: EXORCISTS
Words that let a guy know where he stands: YOU ARE HERE

Page 37

One looking to get a line on something: ACTOR
Orderly fashion: SCRUBS
It's a thing of the past: ANTIQUE
He's flaky: SNOWMAN
They go without saying: RUNAWAYS
On-site supervisor: WEBMASTER
Pound sign: BEWARE OF DOG

Page 38

Heavenly light: HALO
His business is in the hole: MINER
Circular file: ROLODEX
They get time off: PAROLEES
It rises in the East: MOUNT FUJI
Senior moment: GRADUATION
People play tricks on them: CARD TABLES

Page 39

Personal matter: DNA
Oyster crackers: OTTERS
They're out on a limb: FINGERS
Brain child: PRODIGY
You feel lost without yours: BEARINGS
One often in the Loop: CHICAGOAN
Food that sticks to your ribs: BARBECUE SAUCE

119

Page 40

It's advanced: LOAN
Foreign aid: AU PAIR
Little house on the prairie: ANTHILL
It's written in stone: EPITAPH
A lot of name-calling goes on
    there: HOMEROOM
Mini driver: TRICYCLIST
Jumper cables: BUNGEE CORDS

Page 41

It takes two to do it: DUEL
Ones biting the dust: MITES
Buddy buddy: CLINTON
Their tracks are covered: SUBWAYS
What floats your boat: BUOYANCY
It's all around you: EPIDERMIS
He worked for Peanuts: CHARLES
    SCHULZ

Page 42

They're on top of the world: ELVES
Penn pal: TELLER
He sticks his neck out sometimes:
    TURTLE
It's cut and dried: TOBACCO
Here we go: RESTROOM
High sign: BILLBOARD
Place to try again: APPEALS
    COURT

Page 43

Red-headed one: MATCH
It comes before a fall: SUMMER
His hands were tied: HOUDINI
They get teased a lot: BEEHIVES
Neither here nor there:
    ELSEWHERE
Hot wheels: STOLEN CAR
Human resources manager:
    SPERM BANK

Page 44

Prenuptial agreement: I DO
Boss from hell: DEVIL
It can make a grown man cry:
    ONION
Cup holder: JOCKSTRAP
They have deep pockets:
    KANGAROOS
His career was in pieces: SAMUEL
    COLT
TV show featuring open and shut
    cases: DEAL OR NO DEAL

Page 45

Study a broad, perhaps: OGLE
"This means war!": BATTLE
High horse: PEGASUS
She gives good tips: HELOISE
They have a lot of pull: RIPTIDES
One taking inventory: SHOPLIFTER
It's a big headache for some
    people: BRAIN FREEZE

Page 46

Book collection: BIBLE
They're appealing: PLEAS
One making the cut: BARBER
Space heater: SUNLIGHT
Ham actress: MISS PIGGY
Superheroes wear them out:
    UNDERPANTS
Romance language: PILLOW TALK

Page 47

It has sharp teeth: SAW
Lint trap: NAVEL
Running gear: BATONS
Cowboys took shots at them:
    SALOONS
They're no great shakes: TREMORS
Speed reader: TRAFFIC COP
It's a little flat: STUDIO
    APARTMENT

Page 48

Collector's items: DEBTS
Messages you received while you
    were out: DREAMS
It's a little fishy: ANCHOVY
Sticking point: BAYONET
She's been framed: MONA LISA
People dump all over them:
    LANDFILLS
Bubbly personality: DOM
    PERIGNON

Page 49

Full of spirit: DRUNK
Service agreement: YES, SIR
It is what it is: PRONOUN
There's no future in it: HISTORY
Bar keeper: FORT KNOX
They're shooting stars:
    PAPARAZZI
Acceptance speech line: I HAVE A
    DREAM

Page 50
What you're driving at: SPEED
Stuffed animal: TURKEY
They're topless at the beach: SANDALS
Seedy place to live: BIRDCAGE
The rolling stones: ROCKSLIDE
It ends in a tie: RAIL SPIKE
They carry out orders: DOGGY BAGS

Page 51
French dip: PLIE
Beam up: RAFTER
It's degrading: COMPOST
They're usually drawn at random: DOODLES
Freight elevator: FORKLIFT
One with no line of credit: MOVIE EXTRA
It can take a lot out of a person: LIPOSUCTION

Page 52
You might take it on the run: IPOD
One leading a charmed life: COBRA
They wear G strings: GUITARS
Yellow jacket: RAINCOAT
They're low-down and dirty: SANDBOXES
Person staring off into space: ASTRONOMER
Joe cool: ICED COFFEE

Page 53
Fashionably late: PASSE
It's a walk in the park: STROLL
They provide full accident coverage: DIAPERS
Do Lab work: RETRIEVE
They do their part: THESPIANS
Stick in your mouth: TOOTHPICK
Defender of a no-fly zone: BUG ZAPPER

Page 54
Crackers: WHIPS
One assisting with a hat trick: RABBIT
It surrounds the Milky Way: WRAPPER
She gets a leg up at work: ROCKETTE
One born to run: RACEHORSE
It can give you a sinking feeling: QUICKSAND
A drawn-out process: FLOW CHART

Page 55
Word of mouth: ORAL
Blue man group: SMURFS
Stool softener: PILLOW
There may be butts about it: ASHTRAY
Temporarily out of service: ON LEAVE
A piece of your mind: CEREBELLUM
It can keep you up to speed: CRUISE CONTROL

Page 56
Top this: PIZZA
Don't mention it: SECRET
They're under wraps: MUMMIES
Oil change: GAS MONEY
He's bullheaded: MINOTAUR
One working behind the scenes: STAGEHAND
Wrigley field: CHEWING GUM

Page 57
Money-back guarantee: IOU
Hood ornament: BLING
Light industry pioneer: EDISON
Nature abhors one: LITTERBUG
Space invaders: INTRUDERS
They go against the grain: MILLSTONES
One who's high at a rock concert: CROWD SURFER

Page 58

Pitch fork user: TUNER
They're full of hot air: SAUNAS
One fixing a clog: COBBLER
Testy people: PROCTORS
It's right in the middle of the ocean: STARBOARD
Traffic reporter: HIT COUNTER
They're always looking for new blood: RED CROSS

Page 59

Circus barker: SEAL
A shady place: OASIS
They knock on wood: GAVELS
Bale bond: HAYWIRE
One having a ball: DEBUTANTE
They appeared on Larry King: SUSPENDERS
Training wheels: DRIVER'S ED CAR

Page 60

Wild thing: JOKER
Blind spot: WINDOW
Yellow submarine component: MUSTARD
Pipe cleaner: PLUMBER
It's a wake-up call: REVEILLE
They're all over the map: MERIDIANS
One cool cat: SNOW LEOPARD

Page 61

People want him for his body: MODEL
Band aid: ROADIE
Words said in passing: GO LONG
It starts at home: BASELINE
Sea world: ATLANTIS
Pier group: BARNACLES
Read 'em and weep: TEARJERKERS

Page 62

Crowd pleaser: ORGY
Join forces: ENLIST
It's in the bag: RECEIPT
Result of being rubbed the wrong way: BLISTER
A dish best served cold: GAZPACHO
They raise children: HIGHCHAIRS
It seems like old times: REENACTMENT

Page 63

It's fenced off: LOOT
Sentence structure: PRISON
Sometimes, it's on the fly: SWATTER
Freedom fighter: DICTATOR
They deliver: PIZZERIAS
One who logs long hours at work: LUMBERJACK
Part of a Smart outfit: SHOE PHONE

Page 64

It can cause quite a stir: MIXER
Ring a boxer's in: COLLAR
Mail escort: COURIER
They have fans in Japan: GEISHAS
You might go to town on it: BUSINESS
They help you watch your language: SUBTITLES
A limited-time offer: PLEA BARGAIN

Page 65

Spring for a luxurious getaway: SPA
It can be hard to swallow: PRIDE
Glass elevator: COASTER
Don't leave home without it: CLOTHING
They have tall orders to fill: STARBUCKS
It's all washed up: DRIFTWOOD
Where you can put your two cents in: PENNY LOAFERS

Page 66

Baker's dozen: EGGS
Navigation lights: STARS
It's heard straight from the horse's mouth: WHINNY
Seeing someone: PSYCHIC
They let it all hang out: NUDISTS
It's flatter than a pancake: TORTILLA
Overnight delivery: CHRISTMAS PRESENT

Page 67
Phone home: BOOTH
They never have long lines:
    HAIKUS
He has no class: DROPOUT
It measures up: ALTITUDE
Case workers: GUMSHOES
It goes around and comes around:
    BOOMERANG
It's a blessing: GESUNDHEIT

Page 68
It's nothing, really: ZILCH
Kids do what he says: SIMON
Coffee maker: BARISTA
They live in glass houses:
    GOLDFISH
One whose job is on the line:
    OPERATOR
A pace maker: METRONOME
Plot spoiler: GRAVEROBBER

Page 69
They can see right through you:
    X-RAYS
Check point: PAYDAY
Acting president: REAGAN
Gentlemen prefer them:
    MANNERS
Brady bunch: PATRIOTS
It's spotted at the scene of a fire:
    DALMATIAN
Twisted person: HUMAN PRETZEL

Page 70
They do House work: REPS
Prepare for takeoff: UNZIP
Movable type: SOFTY
Make a trial run: SKIP BAIL
It can mend a broken heart:
    PACEMAKER
Strike zone: PICKET LINE
Private screening: ARMY
    PHYSICAL

Page 71
Some like it hot: SALSA
Dead man walking: ZOMBIE
Teen wolf: LAUTNER
Kindergarten cop: TATTLER
A view to a kill: GUNSIGHT
It came from outer space:
    METEORITE
All the king's men: CHESS PIECES

Page 72
Engagement ring: GEAR
It's on the lamb: FLEECE
Crawl space: PLAYPEN
They're all talk: LECTURES
Cold case: ICE CHEST
He's got news for you: TOWN
    CRIER
Parks department: CIVIL RIGHTS

Page 73
One dining on the fly: FROG
It grows on you: HAIR
High school musical: GREASE
One with a lot on his plate:
    GLUTTON
A figure of speech: LINGUIST
Held up in traffic: CARJACKED
People person: SEXIEST MAN
    ALIVE

Page 74
It might come to a head: IDEA
You can't live without it: OXYGEN
Where some people get into hot
    water: JACUZZI
It's a long shot: PANORAMA
Peer reviewer: UROLOGIST
They have short stories:
    DOLLHOUSES
WWII boom town: LOS ALAMOS

Page 75
Animal attraction: ZOO
Centipede's home: ARCADE
They'll keep you in your place:
    ANCHORS
Lush sounds: HICCUPS
It makes all the difference in the
    world: DIVERSITY
They've got issues: NEWSSTANDS
It can keep you grounded: FLIGHT
    DELAY

Page 76

Like taking candy from a baby:
   CRUEL
Show with Hamm acting:
   MAD MEN
He's an early riser: ROOSTER
Player hater: HECKLER
They put down roots on the West
   Coast: SEQUOIAS
It breaks from the main stream:
   TRIBUTARY
The force is with him: POLICE
   CHIEF

Page 77

Little john: POTTY
Get cracking: HATCH
Cooling-off period: AUTUMN
They tuck people in: GIRDLES
It's a lot to take: OVERDOSE
Water with lime: WHITEWASH
Letter carrier: VARSITY JACKET

Page 78

Washer dryer: TOWEL
Keys on a piano: ALICIA
It might say "Hello": NAMETAG
Paper work: ORIGAMI
They spent a long time on the
   wagon: PIONEERS
Bill changer: AMENDMENT
They put two and two together:
   DOUBLE DATES

Page 79

All grown up: UNMOWN
Till then: SPRING
Maine dish: LOBSTER
Crunch time: WORKOUT
Its days are numbered:
   CALENDAR
Overhead projector: CATAPULT
Poolside bar: DIVING BOARD

Page 80

Duck call: FORE
They're attached at the hip:
   FEMURS
Finish line: THE END
It's at your disposal: GARBAGE
Three-dimensional characters:
   BRAILLE
What's in store: INVENTORY
Trivial pursuit: WILD-GOOSE
   CHASE

Page 81

This could be the start of
   something big: MEGA
It may be at the end of a rainbow:
   PRISM
Double takes: STUNTS
Block and tackle user: LINEMAN
It might save a seat for you:
   SLIPCOVER
Head banger: WOODPECKER
There's no getting over it:
   PERFECT SCORE

Page 82

It gives you latitude: GPS
Where you might get a word in
   edgewise: MARGIN
One casing the joint: KNEECAP
They hang around the house:
   ICICLES
It's high-strung: TIGHTROPE
A change of heart: TRANSPLANT
Not right in the head:
   LEFT-BRAINED

Page 83

Chilly powder: SNOW
It's a trip: JUNKET
Forever stamps: TATTOOS
Kitty hawk result: HAIRBALL
One to zip: LEADFOOT
They flip out sometimes:
   CANOEISTS
March madness: SPRING FEVER

124

Page 84

Something anyone can agree with: NOD
Boxers' competitors: BRIEFS
Guy of your dreams: SANDMAN
Penny lane: COIN SLOT
All about Eve: FIG LEAVES
One facing the music: CONDUCTOR
They're up at all hours: MINUTE HANDS

Page 85

Overhead storage compartment: ATTIC
Rough housing: SHACK
One long in the tooth: WALRUS
Japanese Beatle lover: YOKO ONO
It charts a course: SYLLABUS
They work in the hood: MECHANICS
Hot streak: LIGHTNING BOLT

Page 86

House that requires a sitter: NEST
Western union: POSSE
Talk turkey: GOBBLE
Where to read liner notes: LOGBOOK
You see a lot of compact cars there: SCRAPYARD
A fixer-upper: MATCHMAKER
They come from Mars: SNICKERS BARS

Page 87

It's on a roll: TAPE
Come out of retirement: WAKEN
They give you space to breathe: COMMAS
Young rocker: CRADLE
Putting through the mill: MINI GOLF
Afraid of being snapped at: CAMERA-SHY
Social security: SAFETY IN NUMBERS

Page 88

It wets your whistle: SALIVA
One in a rush: PLEDGE
They don't give in to pier pressure: PILINGS
Twitter user: SONGBIRD
They're little squirts: SPRITZES
Flashy automobile: AMBULANCE
High-handed remark: DON'T SHOOT

Page 89

Bacon or lettuce, but not tomato: MONEY
Worker's compensation: SALARY
It ends up in a pickle: VINEGAR
The inner circle: BULL'S-EYE
One walking on eggshells: HATCHLING
They often lie down on the job: MECHANICS
Game changer: CHEAT CODE

Page 90

Pixie sticks: WANDS
They're always paid in person: VISITS
It has catchy hooks: VELCRO
Glass ceiling: SUNROOF
It might rain on your parade: CONFETTI
A pair of archers: EYEBROWS
They're run by dictators: TAPE RECORDERS

Page 91

One getting the scoop: CONE
Single parent: ALBUM
Something covered in American history: WAGON
They hang out on the street: AWNINGS
Some of them fly south for the winter: RETIREES
Web designer: CHARLOTTE
Close encounters movie: FATAL ATTRACTION

Page 92

They fall flat on their faces: DICE
Component in the creation of the cosmos: VODKA
It goes through cycles: LAUNDRY
Breakout performer: HOUDINI
Drag race: IDITAROD
Member of a lobby group: CONCIERGE
Search party: SCAVENGER HUNT

Page 93

Obstacle to being clear-headed: ACNE
It has a bit part: DRILL
They surfaced during WWII: U-BOATS
Darn it: OLD SOCK
One making a scene: DIRECTOR
Game that's fun from the word Go: MONOPOLY
It's drawn and quartered: FOUR SQUARE COURT

Page 94

Rear view: MOON
It can make your hair stand on end: STATIC
He works with his hands: MASSEUR
They get dressed up for the holidays: WINDOWS
They have their dark days: THEATERS
They're high on the hog: HANDLEBARS
One struggling to make a living: PRO WRESTLER

Page 95

Action items: VERBS
Little dipper: TEA BAG
Down-to-earth gatherings: PICNICS
It takes the edge off: HANDICAP
Bay window: PORTHOLE
He always runs late: LETTERMAN
High-end label: THIS SIDE UP

Page 96

Spell out: COMA
They're often skipped at school: ROPES
Rescue dog: LASSIE
It might result in belt-tightening: DIETING
Taken by surprise: KIDNAPPED
Fly catcher: OUTFIELDER
They dig up roots: GENEALOGISTS

Page 97

One for the road: TOLL
They aren't very user-friendly: NARCS
It's rough around the edges: FAIRWAY
High profile: SKYLINE
It's on the tip of your tongue: TASTE BUD
Heavy sweater: WORRYWART
Butters up: MOUNTAIN GOATS

Page 98

It's over your head: SCALP
Get off track: DERAIL
They rock your world: QUAKES
It might have a worn-out "Welcome": DOORMAT
An old pen name: ALCATRAZ
Illegal border crossing: FOOT FAULT
She got an "A" in literature: HESTER PRYNNE

Page 99

They work with some sick puppies: VETS
Teasers: COMBS
It's up against the wall: STUCCO
It may be too cool for school: SNOW DAY
Drinks are on them: COASTERS
Legal tender: GUARDIAN
Great Scot: LOCH NESS MONSTER

Page 100

Stud poker: SPUR
Sneakers do it: TIPTOE
They need driving lessons:
    DUFFERS
Self help: EDITORS
It's often full of Wonder:
    BREADBOX
They shine in the workplace:
    BOOTBLACKS
Male carrier: Y CHROMOSOME

Page 101

It's often useful in a pinch: SALT
Boat load: GRAVY
Talking heads' output: TREATY
Line in the sand: CARAVAN
Title holder: NOBLEMAN
A smoke-filled room: HOOKAH
    BAR
Bronze star: GEORGE HAMILTON

Page 102

Startup co.: AAA
Fly-by-nighter: SANTA
Home work: CHORES
It might be put on the spot:
    PROACTIV
Child proof: BABY BUMP
Neck and neck: DOUBLE CHIN
They have hot tips for stock
    owners: BRANDING IRONS

Page 103

They do unspeakable acts: MIMES
One that gets depressed during
    exams: TONGUE
Cup holder: SAUCER
He's got reservations: MAITRE D'
Pocket protector: KANGAROO
Long line at the theater:
    SOLILOQUY
Hands-free device: DIGITAL
    CLOCK

Page 104

He played with Checkers: NIXON
Foreign object: IMPORT
They turn the Tide: WASHERS
Fence post: PAWNSHOP
They get charged a lot:
    MATADORS
Something you raise a small flap
    over: MATCHBOOK
Arch rival: BURGER KING

Page 105

It's staked out: TENT
Party line: CONGA
A lasting impression: FOSSIL
Beepers: CENSORS
They'll flip for you: SPATULAS
Computer hookup: CYBERSEX
Game with only one round:
    RUSSIAN ROULETTE

Page 106

Like someone who shows up late:
    DOA
One destined for a meltdown:
    SNOWMAN
Game that puts you on the spot:
    TWISTER
It's not cool: LUKEWARM
They serve the people:
    CANNIBALS
He's a fast talker: AUCTIONEER
Flop house: POKER ROOM

Page 107

It's fit for a king: ROBE
Double ewe: DOLLY
It's at the end of the line: PERIOD
One on a bender: KNEEPAD
Writer's block: PARAGRAPH
Upper-class woe: SENIORITIS
Exchange greetings: OPENING
    BELLS

Page 108

Pit crew worker: MINER
People have faith in it: TEMPLE
One involved in a summer fling: FRISBEE
It's only natural: ORGANIC
They end up in hot water: LOBSTERS
They're drifters: PLANKTON
He came out of his shell: HUMPTY DUMPTY

Page 109

You can count on them: ABACI
Wind instruments: CHIMES
They make 8 tracks: SKATERS
Theater prop: ARMREST
They're full of bull: CORRALS
One whose expertise is right at your fingertips: MANICURIST
Bar hopper: POLE VAULTER

Page 110

It's only one side of the story: WALL
Bed wetter: RIVER
They think inside the box: JURORS
They leave people in stitches: SUTURES
He was no rolling stone fan: SISYPHUS
It's full of culture: PETRI DISH
Miniature dog: COCKTAIL WIENER

Page 111

Flash in the pan: GOLD
Pole dance: LIMBO
It's for self-serving people: BUFFET
Great depression: CRATER
They're stonewalled: CASTLES
Off and running, in a sense: OPPOSITES
Toaster setting: WEDDING RECEPTION

Page 112

Burn rubber: ALOE
He has chiseled features: DAVID
In-house policy: CURFEW
Tom jones: CATNIP
Iron-clad: ARMORED
They come out at night: DENTURES
One working to form a more perfect union: MARRIAGE COUNSELOR

Page 113

Shoe polish: SPIT
Some homeowners side with it: VINYL
Raise the dead: EXHUME
They might be Giants: NFLERS
It can turn you into a frog: COSTUME
Ballot box contents: CHECK MARK
Pickup line: YOU'RE UNDER ARREST

Page 114

Coat hanger: HOST
Sewer lines: SEAMS
Spam email target: HORMEL
One with a coat of many colors: CALICO
One pushing daisies: FLORIST
Blotters: NAPKINS
Incredible kid: THE BOY WHO CRIED WOLF

Page 115

Radiator that keeps you warm: SUN
He had a gift: MAGUS
It's a breeze: ZEPHYR
Umbrella holders: MAI TAIS
They have friends in high places: SHERPAS
Their business is picking up: BUSBOYS
Roll call: LIGHTS, CAMERA, ACTION